Hans-Peter Tiemann

Krimis für Kids

Hochspannung im Deutschunterricht

Texte, Tatorte und Tipps für junge Schreibtischtäter

Lernen mit Erfolg
KOHL VERLAG
Der Verlag mit dem Baum
www.kohlverlag.de

Krimis für Kids
Hochspannung im Deutschunterricht

1. Auflage 2010

Inhalt: Hans-Peter Tiemann

Grafik & Satz: Kohl-Verlag
Druck: farbo print und media, Köln

Bestell-Nr. 11 033

ISBN: 3-86632-244-5
ISBN-13: 978-3-86632-244-8

Inhalt

KOHL VERLAG Der Verlag mit dem Baum
Krimis für Kids
Hochspannung im Deutschunterricht - Bestell-Nr. 11 033
www.kohlverlag.de

Inhalt

Lernen mit Erfolg KOHL VERLAG Der Verlag mit dem Baum www.kohlverlag.de
Krimis für Kids
Hochspannung im Deutschunterricht - Bestell-Nr. 11 033

Vorwort

Liebe Krimifreunde!

Die in diesem Band enthaltenen Krimis, alles Originalbeiträge, dürften den Schülerinnen ind Schülern schon beim Lesen ein „Mordsvergnügen“ bereiten, egal, ob es um die fingierte Entführung eines Meerschweinchens, um lebensrettende Buchstabennudeln oder um einen Juwelenraub geht, den schließlich ein Dackel aufklären hilft. Die Helden dieser Geschichten sind Zehn- bis Zwölfjährige, keine naseweisen Überflieger aus dem Klischeebuch für Kinderkrimis, sondern Alltagsmenschen, die mit allen Facetten ihrer Persönlichkeiten vor allem humorvoll geschildert werden, indem sie in Szenen voller Situationskomik, Slapstick und Ironie stolpern. Alle Texte sind aufgrund ihrer ästhetischen Qualität auch für den Literaturunterricht geeignet. Die kindlichen Leser werden zu Ermittlern, sichern Spuren, tappen im Dunkeln und werden sich schließlich von den Schlusspointen überraschen lassen.

Der Aufgabenkatalog im Anschluss an die Krimis bietet motivierende und anspruchsvolle analytische und textproduktive Beschäftigung mit den Kriminalerzählungen an. Daneben sind zahlreiche weitere texterschließende Operationen denkbar, sodass sich die „Krimis für Kids“ als Material für komplexe Unterrichtsreihen ebenso anbieten wie für die episodische Lektüre im Unterricht oder für die Beschäftigung mit den Text- und Arbeitsblättern in der Freiarbeit.

Die Krimiwerkstatt im zweiten Teil des Bandes bietet zahlreiche Anregungen zur eigenen Gestaltung von Kriminalerzählungen. Ein wesentliches didaktisches Element ist hier die Beschränkung auf einen Textausschnitt. Die Adressaten sind mit dem Entwurf komplexer Kriminalerzählungen meist restlos überfordert. Viel reizvoller und realistischer dagegen ist die Schilderung eines Tatortes, der Entwurf eines offenen Erzählanfangs, eines Handlungsabschnittes oder das Skizzieren einer Figur. Dazu regen vor allem die Textanfänge in der Krimiwerkstatt an, die mit eigenen Gestaltungsideen fortgesetzt werden können. Schließlich werden auch Krimigedichte, Krimiszenen und Krimiparodien präsentiert, wodurch der Band das Genre mit allen möglichen Textsorten rundum beleuchtet.

Viel Vergnügen mit „ganz heißer Krimiware“ wünschen den kleinen und großen Textschnüfflern, den Literatur-Ermittlern und Schreibtischtätern der Kohl-Verlag und

Hans-Peter Tiemann

<u>Bedeutung der Symbole</u>:

EA Einzelarbeit

PA Partnerarbeit

GA Arbeiten in kleinen Gruppen

1 Kampfsportkrimi

Robert: Los, sag es mir, Peter, was ist ein Krimi?

Peter: Wozu?

Robert: Ich will meine Kohle auf anständige Weise verdienen und demnächst einen Bestseller schreiben.

Peter: Und ich rede nur, wenn du aufhörst, mich mit dem Revolver zu bedrohen. Bitte, leg das Ding aus der Hand, es könnte sonst losgehen!

Robert: Die Spielregeln bestimme ich, ist das klar!

Peter: Ja, Robert.

Robert: Und jetzt spuck es endlich aus: Was ist ein Krimi?

Peter: Krimis findet man in verschiedenen Formen: Das kann ein Film sein, ein Theaterstück, ein Hörspiel, ein Roman, eine Szene oder eine Erzählung, sogar ein Gedicht.

Robert: Sprich nicht so schnell, sonst kann ich es mir nicht merken!

Peter: Wichtig ist immer, dass es um ein Verbrechen geht.

Robert: Was meinst du damit?

Peter: Etwas, das gegen die Gesetze verstößt, und zwar schwerwiegend.

Robert: Na, und wenn schon!

Peter: Krimis handeln von der Vorbereitung und Planung, von der Durchführung oder von der Aufklärung des Verbrechens. Als Gerichtsdrama kann der Krimi auf den Vorgang eines Prozesses beschränkt sein, als Thriller stehen die Gefühle, vor allem die Ängste eines möglichen Opfers im Mittelpunkt. – Hey, was machst du denn da?

Robert: Ich streichle nur meinen Revolver. Rede weiter, los!

Peter: Ein Bestsellerautor hat einmal gesagt, der Krimi blicke zurück und frage danach, was und wie etwas geschehen sei, der Thriller frage nach dem, was erst noch geschehen werde.

Robert: Ah ja!

Peter: Die Hauptrollen spielen Täter, Opfer oder Zeugen. Meist ist übrigens der Ermittler die Hauptfigur.

Robert: Du meinst, ein Bulle?

KOHL VERLAG Der Verlag mit dem Baum www.kohlverlag.de
Krimis für Kids Hochspannung im Deutschunterricht - Bestell-Nr. 11 033

1 Kampfsportkrimi

Peter: Als Ermittler bezeichnet man die Person, die ein Verbrechen aufklären möchte. Das kann ein Detektiv, eine Kommissarin oder jemand sein, der vielleicht Zeuge der Tat geworden ist.

Robert: So so.

Peter: Wer Krimis schreibt, wird sich für eine bestimmte Erzählperspektive, eine Blickrichtung auf die Handlung entscheiden müssen: Man kann einen Mord aus der Sicht eines Zeugen oder eines Täters schildern, man kann auch mit wechselnden Perspektiven arbeiten.

Robert: Ich verstehe.

Peter: Für die Leser ist es wichtig, dass sie selbst auf Tätersuche gehen und dabei eigene Vermutungen ins Spiel bringen können. Es darf also nicht zu viel von den Figuren und vom weiteren Gang der Handlung verraten werden. Gute Krimiautoren schaffen es, außergewöhnliche Plots zu gestalten.

Robert: Was ist das, ein Plot?

Peter: Als Plot bezeichnet man die Abfolge und die Verknüpfung der Ereignisse einer Geschichte. Gute Plots enthalten vor allem überraschende Wendungen.

Robert: Wie bitte?

Peter: Nehmen wir an, du bringst mich jetzt mit der Waffe zum Schweigen, machst dich aus dem Staub und schreibst einen Bestseller. Das wäre absolut langweilig

Robert: Darauf wird es aber hinauslaufen, Peter!

Peter: Besser wäre es, ich gäbe dir noch eine Kostprobe meiner Wing-Chun-Künste.

Robert: Ah, eine ganz neue Schreibtechnik?

Peter: Nein, eine ganz alte chinesische Kampftechnik. Soll ich dir jetzt lieber einen Bao Pao Jeung oder einen Chou gurk verpassen?

Robert: Wie bitte?

Peter: Einen doppelten Handflächenstoß oder einen schnappenden Fußtritt?

Robert: Aua, ah!

Peter: Na also, jetzt hast du beides gekriegt. Träume schön vom Bestseller, Robert!

1 Kampfsportkrimi

1. Krimimerkmale

PA

a) Fertigt eine Mindmap mit den Merkmalen eines Krimis an, die in diesem Gespräch genannt werden.

b) Zeigt, an welcher Textstelle es zu einer überraschenden Wendung im Handlungsverlauf kommt.

c) Entscheidet, ob es sich beim vorliegenden Text um einen Krimi handelt, indem ihr zeigt, welche der genannten Krimimerkmale in dieser Szene enthalten sind.

d) Erklärt einander den Unterschied zwischen Krimi und Thriller, wie er von Peter im Gespräch dargestellt wird, an einem Beispiel.

e) Oft werden Krimis nach dem „Whodunit"-Konzept geschrieben, wobei „Whodunit" für Who has done it? (Wer hat es getan? Wer war`s?) steht. Erst am Schluss erfährt man, wer der Täter ist. Erklärt, warum solche Krimis bei den Lesern so beliebt sind.

2. Jede Menge Plots

EA

a) Finde heraus, welche der folgenden Plots zu den vier Kriminalerzählungen in diesem Band „Honolulu (a)", „Suppenkasper (b)" „Jeronimo (c)" und „Drei Dinge (d)" passen, indem du die korrekten Buchstaben in die Kreise einträgst:

○ **1.** *Eine Person befreit sich auf ungewöhnliche Weise aus einer lebensbedrohlichen Situation.*

○ **2.** *Eine zunächst unverdächtige Person wird als Täter/Täterin überführt, während sich ein anfänglicher Verdacht schließlich als unbegründet erweist.*

○ **3.** *Ein Verbrechen wird aus Liebe vorgetäuscht und fordert beinahe ein Todesopfer.*

○ **4.** *Ein Mord geschieht, bei dem das Opfer den Täter auf die Idee brachte, wie die Tat am besten auszuführen sei.*

1 Kampfsportkrimi

EA

b) Kreuze an, bei welchen dieser Zusammenfassungen es sich um Krimiplots handelt. Begründe deine Entscheidung:

1. ☐ Junge Gräfin wird nach einem Reitunfall von einem Skilehrer gerettet, den sie schließlich gegen den heftigen Widerstand ihrer Stiefmutter heiratet.

2. ☐ Millionärssohn verliert beim Glücksspiel sein gesamtes Vermögen und beginnt ein neues Leben als Gärtner eines reichen Bankiers.

3. ☐ Ehemann verheimlicht den Selbstmord seiner Frau und stellt ihren Tod als Folge eines von ihm fingierten Verkehrsunfalls dar, um das Geld aus ihrer Lebensversicherung zu kassieren.

4. ☐ Schülerin behauptet aus Eifersucht auf eine Klassenkameradin, diese habe ihr Handy gestohlen, wird jedoch selbst durch einen fehlgeleiteten Brief überführt, in dem sie die Motive ihrer Tat einer Freundin gestanden hat.

c) Verändere die beiden übrigen Plots so, dass aus ihnen Krimiplots werden. Schreibe deine Ergebnisse auf.

PA

3. Krimi-Erfahrungen

a) Stellt eine Liste mit Buchtiteln der Krimis zusammen, die ihr bereits gelesen habt.

b) Notiert jeweils, welche Verbrechen im Mittelpunkt der Krimis stehen, und findet heraus, ob es sich dabei um Verstöße gegen Gesetze handelt.

c) Notiert nun, welche Personen (Ermittler, Täter oder Opfer) in diesen Krimis die Hauptrollen spielen.

d) Findet Krimis, deren Plots überraschende Wendungen enthalten und die Leser auf falsche Fährten locken.

e) Stellt euch gegenseitig eure Lieblingskrimis vor. Begründet eure Wahl mit Hinweisen auf die Krimimerkmale und mit Hilfe der Fachbegriffe, die ihr im „Kampfsportkrimi“ erfahren habt.

Krimis für Kids
Hochspannung im Deutschunterricht - Bestell-Nr. 11 033
KOHL VERLAG Der Verlag mit dem Baum
www.kohlverlag.de

2 Honolulu

Der Mann hatte die große Reisetasche, die mit Eidechsen bedruckt war, mitten ins Zugabteil gepflanzt, sodass Julian hinübersteigen musste, um auf seinen Platz am Fenster zu gelangen. Der Junge ließ sich in den Sitz fallen und musterte den Fremden, der die drei Plätze ihm gegenüber bewohnte. Ganz außen hatte er Mantel und Schal hingeknüllt, daneben waren ein Handy, zwei Chipstüten und eine Banane dekoriert. Der Mann hatte sich auf den Fensterplatz gelümmelt, war hinter einer Sportzeitung abgetaucht und baggerte in kurzen Abständen aus beiden Chipstüten abwechselnd öliges Kartoffelzeugs in den Mund.

Auf seinem quietschbunten Hawaiihemd schwirrten Kolibris und Paradiesvögel unter Palmen, am linken Handgelenk trug er eine XXL-Edeluhr, rechts baumelte ein Goldkettchen. Auf beiden Unterarmen kräuselte sich dichte Behaarung, die selbst seine runden Fleischfinger überwucherte, sodass Julian nicht erkennen konnte, ob er einen Ring unter seinem Fingerfell trug. Der schwarze Bewuchs, der sich hier unten so austobte, fehlte ihm weiter oben ganz, wo blasse Kopfhaut einen kahlen Schädel umspannte. Die viel zu großen Ohren verzierten den Kopf eines Mannes, der aussah, als hätte ihm ein unbegabtes Kind mit schwarzem Filzer einen Schnauzbart und zwei buschige Brauen aufgepinselt. Schwere Tränensäcke zogen an den müden Augen, die in die Zeitung starrten.

Vor dem Zugfenster zog eine graue, mit Kühen und Weidezäunen dekorierte Regenlandschaft vorüber und Julian dachte an Tante Johanna, an die kleine Evelyn, seine ewig nörgelnde Cousine, an den Bauernhof und an die vierzehn Tage Sommerferien, die vor ihm lagen. Müde griff er nach den Resten der Tageszeitung, die ein Reisender neben ihm auf dem Sitz zurückgelassen hatte, überflog ein paar Überschriften, erfuhr, dass ein Mitarbeiter eines Supermarktes in Bayern mit Hilfe einer gefrorenen Ente eine Autoscheibe eingeschlagen hatte, um ein Ehepaar aus dem brennenden PKW zu retten, dass die Regierung wieder mal in der Krise steckte und dass man in der Innenstadt von Köln einen Juwelierladen ausgeraubt hatte: „Die Kriminalpolizei bittet die Bevölkerung um Mithilfe bei der Aufklärung des dreisten Juwelenraubes, bei dem gestern in den späten Abendstunden Schmuck im Wert von einer halben Million erbeutet wurde. Der Täter konnte unerkannt zu Fuß entkommen. Auf dem Überwachungsvideo des Juwelierladens ist eine schmale Gestalt zu sehen, die die Beute in eine Reisetasche mit sehr auffälligem Aufdruck rafft.“ Julian betrachtete das Bild mit der Tasche, musterte das Gepäckstück des Kolibrimannes, verglich es mit dem Zeitungsphoto und fühlte sich plötzlich vom Blitz getroffen. Auf dem Bild der Überwachungskamera erkannte er die gleichen Eidechsen, die auch die Tasche des Paradiesvogels hier im Abteil zierten. Kein Zweifel, der Juwelenräuber saß ihm gegenüber.

Zwischen den Eidechsen blitzten ihm Berge von Juwelen, Gold- und Silberschmuck entgegen. Schnell faltete er die Zeitung, so als müsse er sie vor dem Fremden verbergen. Der Hawaiianer blickte gerade in diesem Moment auf und Julian fühlte sich ertappt. Er wurde knallrot, hustete verlegen, drehte sich zum Fenster und zählte draußen die Kühe im Regen.

Krimis für Kids
Hochspannung im Deutschunterricht - Bestell-Nr. 11 033
KOHL VERLAG Der Verlag mit dem Baum
www.kohlverlag.de

2 Honolulu

Aus den Augenwinkeln sah er, wie der Paradiesvogel an der Eidechsentasche fingerte, fürchtete plötzlich, er könnte mit dem Gepäckstück aus dem Abteil fliehen, bemerkte dann jedoch, dass der Hawaiianer scheinbar nur die Beute streichelte, um sich endlich wieder in den Sitz fallen zu lassen.

Jetzt bloß nichts falsch machen! Sollte er durch die Waggons laufen und das Zugpersonal alarmieren? Aber wer glaubt schon einem Zehnjährigen? Der müde Typ in Bahnuniform, der vorhin draußen auf dem Gang seine Karte kontrolliert hatte, würde ihn mit den Worten „Hast wohl geträumt, Kleiner!“ ins Abteil zurückschicken. Und wenn er doch mitkäme und den Kolibrimann dumm und freundlich aufforderte, seine Eidechsentasche zu öffnen, würde der vielleicht eine Pistole ziehen und dem Kartenknipser die Kloschlüssel abnehmen. Julian verbrächte den Rest der Reise zusammen mit dem Bahnmann gefesselt und geknebelt in der verriegelten Zugtoilette. Wenn man sie dort fände, säße der Hawaiianer längst schon im Flieger nach Hawaii.

Julian spürte sein Handy in der Hosentasche. Und wenn er vom Gang aus die Polizei anriefe? Er hatte Angst, sich wieder so zu blamieren wie im letzten Sommer, als er die Feuerwehr alarmiert hatte, weil sich die Katze vom alten Jablonsky auf der Jagd nach Vogelnestern hoch oben in einer Baumkrone verklettert hatte und abzustürzen drohte. Als die Einsatzwagen mit Blaulicht, Sprungtuch und großer Drehleiter anrückten, hatte Mieze längst wieder Bodenkontakt und erholte sich bei einer Schüssel Milch von der Klettertour. Der Rest der Veranstaltung war mega-peinlich für Julian. Die Presse hatte Wind von der Sache gekriegt und sein Bild zierte am nächsten Tag den Lokalteil der Zeitung. „Fehlalarm im Stadtpark – Clevere Katze trickst Feuerwehr aus,“ hieß es dort, und die ganze Geschichte wäre sehr teuer für seine Eltern geworden, hätten die Schaulustigen ringsum nicht bestätigt, dass Jablonskys Katze wirklich in allergrößter Lebensgefahr geschwebt hatte.

Im Abteil schwebte der Hawaiianer vermutlich gerade samt Beute über den Wolken, denn er war eingenickt und grunzte behaglich. „Ganz schön abgebrüht“, dachte Julian. „Schleppt eine halbe Million mit sich herum, hat vielleicht schon die Polizei auf den Fersen und ratzt wie ein Murmeltier.“

Der Schläfer nahm gar nicht wahr, dass eine ältere Dame mit knalligem Lippenstift und buntem Hütchen auf lila Dauerwelle freundlich grüßend das Abteil betrat. Julian entgegnete ein „Hallo!“ und blickte auf die Reisetasche, die sie lächelnd vor sich durch die Tür hob. Er fühlte sich aufgefordert, ihr das Teil abzunehmen und es nach oben ins Gepäckfach zu stemmen. „Danke, mein Junge! Verheb dich nicht, sie ist ganz schön schwer!“ „Kein Problem, das geht schon!“, entgegnete Julian, musste aber beim Hochwuchten des bleiernen Gepäckstückes spüren, dass die Dame keineswegs übertrieben hatte.

Sie zerrte an einer Hundeleine, die sich bis draußen auf den Gang spannte, sodass noch nicht zu erkennen war, wer sich am Leinenende weigerte, ihr ins Abteil zu folgen. Erst als sie ein energisches „Sei lieb, Donald!“ nach draußen geschickt hatte, entspannte sich die Leine und ein weißnasiger Dackelopa

Krimis für Kids
Hochspannung im Deutschunterricht - Bestell-Nr. 11 033
KOHL VERLAG Der Verlag mit dem Baum
www.kohlverlag.de

2 Honolulu

tapste neugierig schnüffelnd durch die Tür. „Donald wird im Sommer 16", erklärte die Dame ins Abteil, so als müsse sie sich für den Starrsinn ihres Dackelrentners entschuldigen.

Während sie sich aus dem Mantel pellte, sah Julian, dass Donald dicht neben der Reisetasche des Paradiesvogels einparkte und ein Bein hob, um eine Eidechse auf dem Gepäckstück mit seiner Dackeldusche zu begießen. Dann bemerkte der Hund die Chipstüten, entschied sich für „Ungarisch" und näherte sich mit schnüffelnder Hundenase dem Tüteneingang. Der Hawaiianer wurde wach, entdeckte den Überfall, entriss dem Tier die Beute und brummte: „Das geht jetzt aber zu weit!" Dann schob er seine Fressalien auf die Fensterbank und wuchtete die Reisetasche mit dem Pissfleck, den er zum Glück übersah, auf die Gepäckablage.

„So ist er, mein Donald. Das kleine Leckermäulchen hat immer Appetit. Er spürt wohl, dass ich seinen Dinosaurier-Kauknochen in der Reisetasche habe. Den kriegt er aber erst, wenn wir daheim sind", entschuldigte sich die Dame, die inzwischen Platz genommen hatte, ihren Donald zu sich heranzog und ihm ein Leckerli aus der Handtasche zusteckte. Julian blickte nach oben und sah plötzlich doppelt. Sein Blick klebte an den Gepäckstücken. Zwei völlig gleiche Reisetaschen standen dort nebeneinander: Auch die Tasche der alten Dame war mit Eidechsen verziert. Links oben ruhten Wäschestücke und Dino-Dackelknochen unter Reptilienbäuchen, rechts daneben war die blitzende Beute unter den Eidechsen verborgen.

Was für ein blöder Zufall, dachte Julian. Eine Zeit lang kam es ihm so vor, als blickten die beiden Reisenden immer wieder zu ihren Taschen auf. Die Dame mochte inzwischen selbst Appetit auf ihren Dinoknochen bekommen haben, der Hawaiianer grüßte wohl seine Klunker und konnte es kaum erwarten, sie vor sich auszubreiten. Dann dösten beide ein.

Julian hielt dem kleinen Donald, der seine Hosenbeine beschnupperte, den Handrücken hin. Wäre der Dackel jetzt eine Dogge, könnte die sich zähnefletschend vor dem Hawaiianer aufpflanzen, bis die Polizei einträfe. Doch Donald war weder körperlich noch charakterlich für diesen Job geeignet. Der Dackel wollte nur schmusen und fressen, war immer noch scharf auf die „Chips-Ungarisch" und pirschte sich schwanzwedelnd an das Abteilfenster heran. Der Paradiesvogel schnarchte sich inzwischen wohl dem Landeanflug auf Honolulu entgegen, die Dame war ohne Donald Gassi gegangen und Julian hatte sich vorgenommen, den Dackel zu verwöhnen. Wenn er dem Hawaiianer schon keine Juwelen abnehmen konnte, sollten wenigstens ein paar Chips daran glauben. So gab er der Tüte einen kleinen Schubs in Richtung Hund. Donald legte die Vorderpfoten auf dem Sitz ab, reckte seinen wurstrunden Dackelkörper nach oben und zog die Beute zu sich herunter. Auf dem Abteilboden verschwand das gierige Tier fast in der Tüte und frühstückte genüsslich und vom Kolibrimann unbemerkt ungarisch.

Später drosselte der Zug die Geschwindigkeit und rollte durch einen schmutzigen Bahnhof. Eine Frauenstimme signalisierte die Ankunft in Bielefeld in

Krimis für Kids
Hochspannung im Deutschunterricht - Bestell-Nr. 11 033
KOHL VERLAG Der Verlag mit dem Baum
www.kohlverlag.de

wenigen Minuten. Der Paradiesvogel gähnte, streckte die behaarten Arme in die Luft, rieb sich die Augen und zerrte kopfschüttelnd die leere Chipstüte unter dem schlafenden Donald hervor, um sie im Mülleimer zu entsorgen. Dann warf er einen Blick auf die alte Dame und bemerkte wohl, dass die ihr Fahrtziel erreicht hatte, sich von ihrem Sitz erhob, den knurrenden Chipsräuber zu sich heranzog und die Illustrierte verstaute. Der Paradiesvogel stand schnell auf, griff nach Mantel und Schal, hob die Reisetasche von der Gepäckablage, stellte sie kurz auf dem Sitz gegenüber ab und zuzelte seinen Schal zurecht.

Jetzt bemerkte Julian plötzlich, dass der Mann die falsche Reptiltasche genommen hatte. Auf der da war zwischen Reißverschluss und Eidechsenschwanz eine kleine runde Plakette mit der Aufschrift „Dackelklub Dinslaken“ aufgenäht. Das konnte nur die Tasche von Donalds Frauchen sein. Der Paradiesvogel stakste mit der falschen Dackeltasche nach draußen auf den Gang. Julian musste sich jetzt blitzschnell entscheiden. Ihm jagten wirre Gedanken durch den Kopf: Man raubt doch keinen Juwelierladen aus, um eine Tasche mit Dackeldino und Damenwäsche zu erbeuten! War der Trottel im Hawaiihemd einfach zu dumm für so ein Verbrechen? – Aber vielleicht hatte der Kolibrimann die Taschen gar nicht verwechselt, vielleicht hatte er sie absichtlich vertauscht, weil er ahnte, dass ihm die Polizei bei der Ankunft in Bielefeld bereits auflauern würde.

Klar, die wissen doch alles über den Juwelenraub und kontrollieren Typen, die aussehen, wie der da. Der Paradiesvogel würde ihnen die harmlose Reisetasche hinhalten, die Spürhunde würden sich über den Hundeknochen hermachen, man müsste sich für den vorschnellen Verdacht entschuldigen und den Hawaiianer passieren lassen. Am Taxistand würde er die alte Dame treffen, ihr den Dackelaufkleber zeigen, sich höflich für seinen Irrtum entschuldigen und sie darum bitten, die Taschen zu tauschen. Anschließend würde der Kolibri mit der Beute davon flattern. Einfach perfekt!

Julian griff nach der zweiten Eidechsentasche, zog sie von der Gepäckablage und reichte sie der alten Dame. Die entgegnete ihm ein lächelndes „Vielen Dank, mein Junge!“ und wandte sich zur Abteiltür. Julian schnappte sich seinen eigenen Koffer und zögerte einen Moment lang. Sollte er dem Paradiesvogel folgen und dem Polizisten am Kontrollpunkt bei der Hundeknochenbesichtigung sagen: „Verhaften Sie den Mann!“? Unmöglich! Er musste jetzt ganz dicht bei der Dame bleiben und einfach nur dafür sorgen, dass man draußen auf dem Bahnhof ihre Reisetasche kontrollierte. Mit Hilfe der alten Dame und dem Juwelenköder würde man den Hawaiianer anschließend am Taxistand festnehmen.

Tante Johanna reckte sich bereits den Reisenden entgegen. Sie hatte sich mit Cousine Evelyn am Treppenabgang aufgepflanzt. Ihr suchender Blick musterte die Menschen, die ihr entgegen kamen. Zum Glück war sie kurzsichtig und zum Glück hatte sich Cousine Evelyn, die ihn sonst sofort erkannt hätte, so sehr mit dem Treppengeländer angefreundet, dass sie dessen Handlauf genüsslich ableckte. Julian hatte jetzt keine Zeit für die Verwandtschaft. Der Schal des Hawaiianers hatte bereits die Tantenkontrolle passiert und verschwand gerade

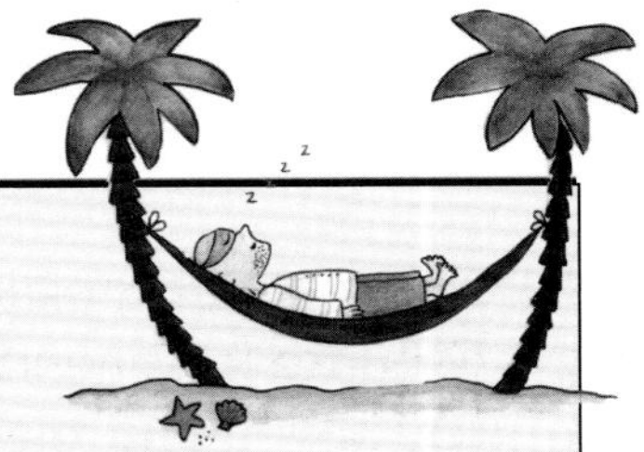

auf der Treppe nach unten in einem Pulk von Reisenden, während Donald und Frauchen dicht vor ihm über den Bahnsteig trippelten. Ein XXL-Muskelberg mit Türstehervisage erschien plötzlich neben ihm, sodass Julian unter dem Zweimeterzwanzig-Schattenzelt des Riesen abtauchen und den Treppenabgang erreichen konnte, ohne von Tante oder Cousine erspäht zu werden. Unten stieg er aus dem Schatten-Shuttle aus und wartete auf Dackel und Dame. Hinter ihm standen zwei Uniformierte, die mit scharfen Blicken die Reisenden musterten. Wie sollte er die bloß dazu bringen, die Reisetasche der Dackelmama zu inspizieren?

„Luft – ich kriege keine Luft mehr!“ Julian wälzte sich wie elektrisiert auf dem Bahnhofsboden hin und her, pellte sich aus der Jacke, riss am Ausschnitt seines T-Shirts und griff sich mit beiden Händen an den Hals, sodass die Umstehenden befürchten mussten, hier gehe es um Leben und Tod.

Ein erschreckend blasser, spindeldürrer Typ um die Zwanzig löste sich mit weit aufgerissenen Augen aus der Gruppe, fiel neben Julian auf die Knie und stotterte wie zur Entschuldigung in Richtung Publikum: „Ich ... äh ... bin Medizinstudent im dritten Semester!“ Dann beugte sich das Blassgesicht ganz dicht über den Jungen und stammelte:„He, nicht schlapp machen, nicht schlapp machen!“ Dabei verpasste ihm der Medizinmann eine Wiederbelebungs-Ohrfeige nach der anderen. Julian wunderte sich, dass man neuerdings Prügeln lernt, wenn man Arzt werden will, ließ es aber über sich ergehen, denn er sah, als er den Kopf zur Seite warf, dass Donald und Frauchen auf der Bahnhofsbühne erschienen. Leider kam auch Tante Johanna mit Evelyn, die in der einen Hand eine Schneekugel mit dem Panorama von Bielefeld schüttelte und mit der anderen einen übergroßen Lolli zum Mund führte, wahrscheinlich mit Geländergeschmack.

Der käsige Medizinmann legte eine weitere Ohrfeige nach und jetzt bekam Julian wirklich Atemnot: „Mein Spray, mein Asthmaspray!“, japste er und wand sich wie ein Aal unter dem Prügeldoc. „Schnell, es ist ....“ „Wo denn?“, schrieen die beiden Polizisten im Chor aus dem Hintergrund und der Blässling schürzte die Lippen, um zu einer Mund-zu-Mund-Beatmung anzusetzen. Bis hierher war das Timing von Julians Aktion wirklich genial gewesen. Dackel und Dame waren noch drei Schritte von ihm entfernt, die beiden Polizisten tanzten wie hilflose Zappelrapper mit ihren Funkgeräten und schienen gerade einen Rettungshubschrauber zu ordern, da platzte es endlich aus ihm heraus: „Es ist in ...“ „Sag es!“, flehte der weiße Doc, der ihm mit den Pustelippen gefährlich nahe kam.

„Es ist in...Omas Reisetasche!“ „Oma?“ die Uniformierten blickten einander fragend an. „Wer ist Oma?“, riefen sie wieder im Chor und Julian streckte den Arm unter dem Milchbubi hervor, zeigte auf Donalds Frauchen und schrie: „Die da!“

Jetzt kam auf einmal Bewegung in das Grüppchen. Der blasse Medizinmann stieg von Julian herunter und stürzte ebenso auf Frauchen zu wie die beiden Polizisten. Die alte Dame kreischte ein wildes „Huuu!“, als sie die drei Lebensretter auf sich zupreschen sah, ließ Donalds Leine los, schleuderte den Beamten die Stöckelschuhe entgegen und nahm mit ihrer Eidechsentasche Reißaus Richtung Kiosk, wo sie so heftig gegen den Türsteher prallte, der dort wohl in einer

2 Honolulu

Türsteherfachzeitschrift blätterte, dass Tasche, Hütchen und lila Perücke in hohen Bögen auf den Bahnhofsboden segelten.

Die Dame selbst fand federnd Halt in den Pranken des Zweizwanzigriesen und kreischte wie am Spieß: „Pfoten weg von meiner Reisetasche!“ Medizinmann und Polizisten warfen sich auf das Gepäckstück, als spielten sie hier American Football. Die Drei nahmen das Ding in den Schwitzkasten und zerrten fieberhaft an Eidechsen, Griffen und Reißverschluss herum. Julian rappelte sich im Hintergrund seelenruhig auf, klopfte den Bahnhofsstaub von der Jacke und betrachtete die letzten Sekunden des hektischen Taschenkampfes, der sich wie in Zeitlupe vor seinen Augen abspielte. Gleich hätten sie das Teil geknackt und dem staunenden Publikum würden die Juwelen nur so entgegen schwappen. Dann würde die Presse anrücken, ihm die Mikrophone hinhalten und ein Blitzlichtgewitter auf ihn abfeuern.

Plötzlich schepperte, klirrte und klimperte es auf den Fließen. Julian blickte auf, doch es waren nicht die Brillianten, sondern nur Evelyns Schneekugel, die dem Mädchen vor Schreck aus der Hand gerutscht war, als sie bemerkt hatte, dass ihr Cousin der Hauptdarsteller dieses verrückten Filmes war. Während sich vor ihren Füßen die Bielefeld-Plörre mit den Schneeflocken über den Bahnhofsboden ergoss, platzte nebenan die Reisetasche auf und den drei Lebensrettern quollen unzählige scheußlich bedruckte Hawaiihemden entgegen. Die beiden Polizisten ließen die Textilien mit den Palmen, den Muscheln, den Vögeln und dem Meer verwundert durch die Finger gleiten, wühlten dann weiter nach dem Asthmaspray, baggerten ein Baströckchen, ein paar bleischwere bunte Hawaiibücher, Bildbände und Reiseführer ans Bahnhofslicht, gaben schließlich entmutigt auf und grunzten im Chor: „Da ist nichts, da ist nur Hulunulu...“

Der verschwitzte Medizinmann rieb sich die Augen. Als er den eben noch halbtot geglaubten Julian springlebendig über sich sah, glaubte er wohl an Wunderheilung, sank erschöpft auf den weichen Berg der Hawaiihemden, jagte einen Studentenfurz in die Textilien, verdrehte die Augen Richtung Honolulu und verabschiedete sich mit einer kurzen Ohnmacht ins Reich der Medizinerträume.

Als ihn Donald gerade ins Leben zurück leckte, befreite sich das immer heftiger keifende Frauchen im Hintergrund aus den Pranken des Türstehers und hastete Richtung Ausgang. Für Julian gab es nur eine Erklärung, warum es die alte Dame plötzlich so eilig hatte, ihren Dackel im Stich ließ und kein Interesse mehr an dem Hawaiikrempel zeigte. „Kommen Sie schnell!“, rief er den Polizisten und dem Medizinmann zu und zeigte dabei aufs flüchtende Frauchen: „Sie müssen der alten Dame hinterher laufen! Sie hat den Einbruch verübt! Ich schnappe mir jetzt die Beute“

„Was für eine wunderbare Oma!“, schwärmte der entzückte Medizinmann, „Die Dame bricht in eine Apotheke ein, um dem Enkelsohn schweineteures Asthmaspray zu stehlen!“ Julian hatte jetzt keine Zeit für Erklärungen, stopfte den verdutzten Donald in die Eidechsentasche, schnappte sich das Gepäckstück samt Dackel und stürmte an Evelyn, Johanna, den erstarrten Lebensrettern und den anderen Schaulustigen vorbei nach draußen.

KOHL VERLAG Der Verlag mit dem Baum
Krimis für Kids
Hochspannung im Deutschunterricht - Bestell-Nr. 11 033
www.kohlverlag.de

2 Honolulu

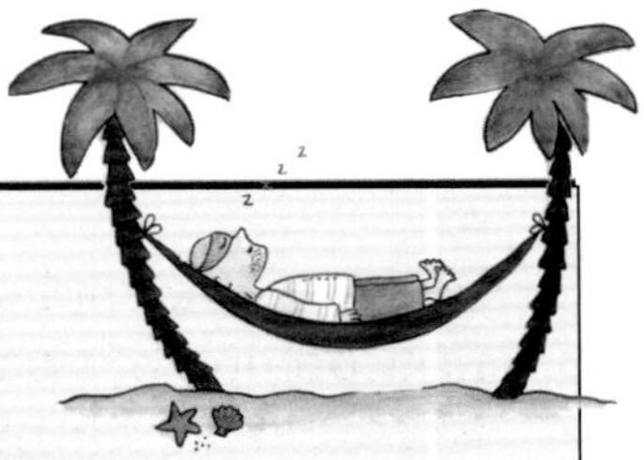

Am Taxistand sah er, wie der Kolibrimann gerade in den ersten Wagen stieg und davon fahren wollte. Julian sprang auf die Straße, schwenkte die Reisetasche vor dem Auto durch die Luft und spendierte Donald dabei ein paar so wilde Runden Karussellfahren, dass der Dackel schließlich über die Eidechsen kotzte, als das Taxis stoppte. Der Fahrer schimpfte auf den Jungen und der Hawaiianer kurbelte die Scheibe herunter. Bevor er etwas sagen konnte, hielt ihm Julian die Tasche hin, die nach Eidechsen aussah, aber nach Dackel duftete. „Sie haben vorhin die Taschen im Zug verwechselt. Diese hier gehört ihnen!" Der Paradiesvogel blickte auf das Gepäckstück neben sich und entdeckte den Dackelaufkleber. Er schien seinen Fehler zu bemerken, gab dem Fahrer ein Zeichen und pellte sich mit der Tasche der alten Dame aus dem Taxi. „Da habe ich ja noch einmal Glück gehabt, junger Mann! Beim Aussteigen habe ich wohl nur auf die Eidechsen geachtet!"

Als Julian endlich die Tasche der alten Dame in der Hand hielt, war es ihm, als riesele feiner Goldstaub durch seine Adern. Stolz und zufrieden schlenderte er mit Donald und dem Paradiesvogel auf die Bahnhofshalle zu. Der erzählte ihm von seinem Hula-Tanzkurs in Bielefeld und lauschte Julians Geschichte, die von Asthmaspray, Hawaiihemden, Juwelenraub und einem Medizinstudenten handelte. Der Kolibrimann verstand bis zur Bahnhofshalle nur Bahnhof, begrüßte Polizei und Medizinmann mit einem freundlichen „Aloha!" und sortierte sprachlos Hemdenhaufen, Baströckchen und Bücherberg in die eigene Eidechsentasche.

„Möchten Sie lieber erst die Juwelendiebin oder erst die Beute sehen?", fragte der Junge die Polizisten, die gerade mit dem Doc über Techniken der Mund-zu-Mund-Beatmung stritten. „Welche verdammte Beute?" stammelten die Ordnungshüter im Chor. Da zog Julian ganz langsam den Reißverschluss der Reptilientasche auf, blickte siegessicher hinein und staunte über einen Hundeknochen von gewaltiger Größe.

„Die Sorte kenne ich, die sind ausgehöhlt und mit leckeren Dino-Schmackies gefüllt!", rief der Doc gierig, so als wolle er seine Zähne gleich in den Knochen schlagen. Julian war maßlos enttäuscht und fühlte sich gründlich blamiert. Er blickte hinüber zu den Polizisten, die inzwischen wieder hektisch am Funkgerät zappelten, so, als müssten sie dem Rettungshubschrauber absagen oder ihm die Landekoordinaten des Irrenhauses durchgeben, um einen Zehnjährigen dorthin zu verfrachten. Die Erinnerung an Jablonskys Katze kam zurück und Julian spürte schon die peinlichen Schlagzeilen „Fehlalarm auf dem Bahnhof" „Volltrottel schlägt wieder zu!" „Wann legt man diesem Zehnjährigen endlich das Handwerk?"

Er wollte sich gerade davon stehlen, als er bemerkte, wie der Medizinmann dem Dackel den Kaubalken hinhielt. Donald erschrak, schnupperte nicht einmal am Riesenfressi, zog nur den Dackelschwanz ein und legte sich platt auf den Bahnhofsboden.

Krimis für Kids
Hochspannung im Deutschunterricht - Bestell-Nr. 11 033
www.kohlverlag.de

2 Honolulu

„Nanu, er scheint wohl pappsatt zu sein!“, bemerkte der Doc und bemühte sich, den Knochen gerade wieder in Omas Reisetasche zu bugsieren, als in Julian plötzlich ein ganz neuer Verdacht aufflackerte: Wie konnte ausgerechnet Donald, dieser Feinschmecker und Chipstütenkiller, so eine Delikatesse verschmähen? Hatte ihm das Karussellfahren am Taxistand den Magen umgedreht? Nein, daran konnte es nicht gelegen haben. Hier stimmte etwas nicht. „Geben Sie mir bitte das Teil,“ rief Julian dem Mediziner zu, der ihm den Knochen nur zögernd aushändigte, dabei den Finger hob und warnte: „Lass das, Junge, so was ist ungesund! Ich spendiere dir lieber ein Käsebrötchen am Kiosk!“

Julian drehte, schob und zerrte mit aller Kraft am Knochen herum, lief dabei knallrot an, bis die Beamten besorgt fragten: „Was hat er denn jetzt wieder?“ Plötzlich aber sprang die Knochenröhre auf und gab dort, wo leckeres Hundefutter stecken sollte, den Blick auf glitzernde Diamanten frei. „Merkwürdiges Dackelfutter!“, staunte der Medizinmann und die Polizisten, die immer noch am Funkgerät klebten, zappelten neugierig heran und brummten jetzt fassungslos im Chor: „Die Beute!“

Den Rest erledigte dann wieder Donald. Ein freundliches „Such Frauchen!“ genügte und der Dackel setzte sich in Richtung Bahnhofstoiletten in Bewegung, wo sich eine gerissene Juwelendiebin mit schauspielerischem Talent gerade in eine junge Frau zurückverwandelt hatte und noch nicht ahnte, dass ihr ein schnaufender Dackel entgegenkam, gefolgt von einem zehnjährigen Jungen, zwei atemlosen Polizisten mit einer Eidechsentasche und einem Paar spiegelblanker Handschellen, einem blassen Medizinmann, einer schimpfenden Tante Johanna und einer heulenden Evelyn, die immer noch einer zerbrochenen Schneekugel nachtrauerte.

KOHL VERLAG Der Verlag mit dem Baum
www.kohlverlag.de
Krimis für Kids
Hochspannung im Deutschunterricht - Bestell-Nr. 11 033

2 Honolulu

PA

1. Das Personal

In dieser Kriminalerzählung gibt es drei Hauptfiguren:

- Verdächtige/Verdächtiger
- Täterin/Täter
- Ermittlerin/Ermittler
- und weitere Nebenfiguren.

Finde heraus, um welche Personen es sich jeweils handelt. Trage deine Ergebnisse in dieser Figurenübersicht ein:

Figurenübersicht: Honolulu	
Die Hauptfiguren (Namen)	**Ihre Funktionen (Rollen) im Krimi**
Julian	
	Verdächtiger
Die Nebenfiguren (Namen)	

PA

2. Der Hawaiianer

a) Markiert sämtliche Textstellen im ersten Teil der Erzählung, in denen der Hawaiianer beschrieben wird.

b) Nimm einmal an, Julian hätte die Möglichkeit gehabt, seiner Freundin Julia mit Hilfe seines Handys draußen auf dem Gang des Zuges eine Beschreibung des angeblichen Juwelenräubers zu geben. Spielt das Telefongespräch zwischen Julia und Julian. Der Darsteller des Julian sollte so genau wie möglich beschreiben, wie der Hawaiianer aussieht und wie er sich verhält.

EA

c) Schlüpfe in die Rolle des Hawaiianers und erzähle den ersten Teil des Krimis bis zum Verlassen des Zuges als Ich-Erzählung aus seiner Sicht.

KOHL VERLAG Der Verlag mit dem Baum
www.kohlverlag.de
Krimis für Kids
Hochspannung im Deutschunterricht - Bestell-Nr. 11 033

EA

3. Julians Verdacht

Finde heraus, wodurch während der Zugreise der Verdacht auf die Person des Fremden fällt, der hier als Hawaiianer bezeichnet wird. Markiere dazu sämtliche Textstellen, die Verdachtsmomente enthalten. Schlüpfe dann in die Rolle von Julian und stelle aus seiner Sicht dar, was den Hawaiianer verdächtig gemacht hat. So kannst du deinen Vortrag beginnen:

„Als ich sah, wie sich der Hawaiianer benahm ..."

EA

4. Ein Portrait

Von Julians Aussehen ist in der Erzählung kaum die Rede. Fertige eine Beschreibung von ihm an, ergänze sie vielleicht durch eine Zeichnung. Schreibe jedoch keinen „Steckbrief" in Stichworten, sondern einen fortlaufenden Text.

PA

5. „Sherlock Julian"

In der 6b gibt es ganz verschiedene Meinungen über Julian. Lest die verschiedenen Aussagen mit verteilten Rollen und nehmt dazu Stellung:

Tom: *Julian kommt mir vor, als habe er ein Brett vorm Kopf. Von Anfang an verrennt er sich in die dumme Idee, der Hawaiianer sei ein Juwelendieb.*

Klara: *Was für ein eingebildeter Typ, dieser Julian. Zu dem passen Nerdbrille und Pullunder.*

Lili: *Ich finde ihn ganz sympathisch. Ein ganz normaler Junge eben, der ein sehr großes Interesse an Menschen hat.*

Leon: *Auf jeden Fall hat Julian eine hervorragende Beobachtungsgabe.*

Murat: *Solche Typen gibt es in Wirklichkeit nicht!*

EA

6. Komik im Krimi

a) Beim Lesen des Krimis wirst du an manchen Stellen geschmunzelt oder gelacht haben. Markiere einige dieser Textstellen.

b) Zeige, wo Figuren und wo Situationen auf komische Weise dargestellt werden und wo es Formulierungen (Ausdrücke, Bezeichnungen) gibt, die komisch wirken.

PA

7. In den Krimi hineinschlüpfen

Stellt euch vor: Dieser Krimi ist „undicht“ und du kannst allein oder mit einer Partnerin oder einem Partner hineinschlüpfen. Ihr findet für eure Krimibesuche hier ein paar „Tickets“. Wählt eines oder mehrere davon aus und erzählt anschließend von euren Reiseerlebnissen, indem ihr eine Ich-Erzählung oder einen mündlichen Bericht verfasst.

Das Ticket für unsichtbare Besucher

Es erlaubt dir, dich für ein paar Minuten an den Schauplätzen des Krimis umzusehen, den Figuren ganz nah zu sein und ihren Gesprächen zu lauschen. Bringe eine schriftliche Ich-Erzählung oder einen mündlichen Bericht von deinen Reiserlebnissen mit.

Das Ticket für Mitwirkende

Mit diesem Ticket kannst du dich in die Handlung einmischen, indem du eine weitere Figur spielst, die bisher noch nicht aufgetreten ist. Vielleicht gibst du der Handlung damit auch einen anderen Verlauf. Bringe eine schriftliche Ich-Erzählung oder einen mündlichen Bericht von deinen Reiserlebnissen mit.

Das Interview-Ticket

Es erlaubt dir, mit den Figuren zu sprechen und ihnen Fragen zu stellen. Gestalte das Interview mit Partnern, bringe es als Audio-Aufnahme mit oder spiele es vor.

Das Souvenir-Ticket

Schau dich einfach im Krimi um und bringe Gegenstände (etwa: Julians Bahnfahrkarte, ein Hundeleckerli..), Photos, gezeichnete Bilder und andere „Fundstücke“ mit. Sammelt die Ergebnisse in einem kleinen „Krimi-Museum“ im Klassenraum.

PA

8. Krimi-Konferenz

a) Tauscht in kleinen Gruppen eure Meinungen zum Krimi „Honolulu“ aus. Benennt Stärken und Schwächen und schlagt vielleicht andere Handlungsverläufe und weitere Figuren vor.

b) Formuliert einen Brief an den Verfasser des Krimis und teilt ihm darin eure Meinungen mit. Ihr könnt diese Anrede benutzen: „Lieber Krimiautor, ...“

Krimis für Kids - Bestell-Nr. 11 033
Hochspannung im Deutschunterricht
KOHL VERLAG Der Verlag mit dem Baum
www.kohlverlag.de

3 Hab‘ ich gelesen!

„Ben! – Hörst du mich, Ben?“

„Hallo Klara!“

„Ben, ich bin verzweifelt. Du musst mir helfen!“

„Von wo aus rufst du an?“

„Ich bin jetzt oben in meiner Wohnung. Mir ist vorhin da draußen so ein merkwürdiger Typ durch die halbe Stadt gefolgt..“

„Und? Wie sah er aus?“

„Er trug einen dunklen Mantel, eine auffällige rote Brille und hatte eine spiegelblanke Glatze.“

„Mach dir keine Sorgen, Klara!“

„Ben, er hat mich nicht aus den Augen gelassen.“

„Den Kerl kenne ich.“

„Wie bitte? Du kennst ihn?“

„Ja, aus ‚Kalte Killer und kahle Köpfe‘. Ich habe das Buch gerade gelesen.“

„Wie bitte?“

„Die Geschichte geht gut aus, Klara. Der Typ wird sich als ein absolut harmloser Spinner entpuppen.“

„Du bist ein Spinner, Ben!“

„Klara, es besteht überhaupt keine Gefahr für dich.“

„Ich weiß, dass du gern Krimis liest, Ben, aber dies ist Wirklichkeit, verstehst du: Wirklichkeit.“

„Ja doch.“

„Und ich habe schreckliche Angst, Ben!“

„Klara!“

„Als ich vorhin meine Wohnung betrat, klingelte das Telefon und eine lispelnde Männerstimme mit südländischem Akzent.“

„Stop, sagtest du ‚südländischer Akzent...‘?“

„Ja doch.“

„Und der Typ lispelte?“

„Ja, Ben, er lispelte und er hat mir fürchterliche Dinge ...!“

„Den Kerl kenne ich. Ein alter Bekannter aus ‚Spanier mit Sprachfehler‘. Ich habe das Buch gerade gelesen.“

„Ich habe fürchterliche Angst, Ben!“

„Aber Klara, der Typ mit dem Akzent ist nicht der Täter. Er hat sich einfach nur verwählt. Er nimmt gleich noch den Nachtzug nach Madrid und wird dort von seiner Geliebten erstochen.“

„In deinem Roman vielleicht – aber nicht hier!“

„Vertrau mir, Klara, ich kenne mich mit solchen Kerlen und mit solchen Geschichten bestens aus.“

„Ben...“

„Ja, was ist denn?“

„Die Tür zum Schlafzimmer ...sie hat gerade ...“

„Sie hat geknarrt, stimmt’s?“

„Woher weißt du das?“

„Das kenne ich aus ‚Eingebildete Morde, Band 2‘. Habe ich gerade gelesen. Toller Roman. Das mit der Tür hat überhaupt nichts zu bedeuten.“

3 Hab' ich gelesen!

„Ben – ich weiß, dass hier jemand in der Wohnung ist ... ich bin hier nicht allein, Ben!"

„Genau so geht die Geschichte weiter. Dann merkt sie plötzlich, dass sie einfach nur vergessen hat, das Fenster im Flur zu schließen. Hörst du, Klara, sie hat es vergessen!"

„Ben, ich habe gar kein Fenster im Flur."

„Willst du etwa behaupten, dass in meinen Krimis gelogen wird?"

„Jetzt...spüre ich einen Atemzug dicht hinter mir ... eine eiskalte Hand legt sich um meinen Hals ... ."

„Das ist völlig harmlos, kenne ich aus ‚Der Würger von Würzburg' – Habe ich gerade gelesen. Hat überhaupt nichts zu bedeut ... Klara? – Klara! Hörst du mich, Klara? – Klara, so sag doch etwas! ...Verdammt ... Klara! – Ich muss die Polizei ... Hallo!"

„Polizeirevier Frankenstraße, Sie sprechen mit Hauptwachtmeister Knefelkamp. Was kann ich für Sie tun?"

„Eine Frau ist in Lebensgefahr. Schicken Sie sofort einen Streifenwagen und einen Notarzt in die Penthouse-Wohnung in der Waldstraße 18."

„Sagten Sie Penthouse-Wohnung?"

„Ja doch, Waldstraße 18."

„Keine Panik, junger Mann. Da passiert nichts."

„Wie bitte?"

„Das kenne ich aus ‚Der Penner im Penthouse'. Total langweiliger Roman, zum Einschlafen, wenn Sie mich fragen."

„Ja, aber ... ."

„Schönen Abend noch!"

Krimis für Kids
Hochspannung im Deutschunterricht - Bestell-Nr. 11 033
KOHL VERLAG
www.kohlverlag.de

3 Hab' ich gelesen!

PA

1. Ben und Klara

a) Lest den Krimi mit verteilten Rollen. Schlüpft dabei in die Figuren und stellt deren Gefühle, Ängste und Wünsche durch besonders betontes Sprechen dar.

b) Erzählt mit eigenen Worten, was ihr in diesem Dialog von Ben, Klara und dem Verlauf der Handlung erfahrt.

PA

2. So werden Leser gelenkt!

a) Klärt, wem eure Sympathien im Textverlauf gehören, mit wem ihr in diesem Gespräch „fiebert", hofft und fühlt. Sprecht darüber, ob ihr am Schluss eher „Schadenfreude" gegenüber Ben oder Mitleid mit Klara empfindet. Zeigt am Text, woran das liegt.

b) Eine überraschende Schlusswendung, die zudem noch Komik enthält, wird als Pointe bezeichnet. Ihr kennt so etwas aus Witzen und Sketchen. Zeigt, inwiefern dieser Dialog eine Schlusspointe enthält. Markiert im Text, welche Zeilen die Pointe bilden.

EA

3. Literaturkenner oder Dummkopf?

Der kleine Krimidialog macht an vielen Stellen deutlich, was von Ben zu halten ist. Stelle mit Hinweisen auf den Text dar, wie du über ihn denkst.

EA

4. Paralleltext

Schreibe einen ähnlichen Dialog, in dem jemand Hilfe sucht und dabei abgewimmelt wird, weil der Gesprächspartner, ein Filmfan, überall Filmtitel sieht.

GA

5. Am Filmset

Tauscht in Kleingruppen Ideen aus, wie man diesen Krimi verfilmen könnte. Schreibt dazu ein „Storyboard", so nennt man die zeichnerische Version eines Filmdrehbuches, bei der die einzelnen Filmszenen (Handlungsort, Personen, Kameraeinstellung) mit kleinen Zeichnungen und knappen Beschreibungen skizziert werden.

KOHL VERLAG Der Verlag mit dem Baum
Krimis für Kids
Hochspannung im Deutschunterricht - Bestell-Nr. 11 033
www.kohlverlag.de

4 Drei Dinge

„Der alte Lord Franklin schwärmte von seinen Trüffelpralinen, aß täglich drei davon und nannte sie ‚paradiesisch'. An jenem Montagabend aber schickte ihn die letzte Trüffel direkt ins Paradies, denn sie enthielt nicht nur die feine Schokoladenfüllung, sondern auch eine kleine, aber äußerst wirksame Portion Arsen." Benjamin räusperte sich, legte das Manuskript stolz auf die Bank und blinzelte gegen die Abendsonne, die noch immer hoch über den Klippen stand.

„Hör auf, Junge! Das ist ja unerträglich", fauchte es aus dem Rollstuhl. Der alte Mann, der neben ihm saß, blickte mürrisch aufs Meer hinaus. „Ich kann so ein Geschwafel nicht mehr hören." „Aber ich habe doch..." „Was hast du? Du hast vor ein paar Monaten den ‚Kleinen Krimifuchs' gewonnen, na und! Ein läppischer Wettbewerb für junge Autoren, den mein Verlag ausgeschrieben hatte." Der alte Mann blickte Benjamin fest in die Augen: „Sicher, eine beachtliche Leistung für einen Vierzehnjährigen. Aber, wie man sieht, war es nur eine Eintagsfliege, ein Glücksgriff, nichts weiter. Möchte gar nicht wissen, wer dir bei der Schreiberei geholfen hatte!"

Der Junge war empört. „Ich habe den ‚Rollkragenkiller' damals ganz allein geschrieben. Das wissen Sie doch!" „Und ich habe ein nettes kleines Buch daraus gemacht, an dem du nicht schlecht verdient hast", entgegnete der alte Mann und ruckelte sich im Rollstuhl zurecht. „Jetzt bist du hierher gekommen und willst mit ein paar neuen Erzählungen an deinen Erfolg anknüpfen. So ist es doch." „Ja, Herr Dr. Strasser, deswegen bin ich hier."

Voller Hoffnung hatte Benjamin an diesem Spätsommertag den Frühzug ans Meer genommen, wo die Villa von Dr. Strasser mit ihrem alten Steingarten an die Steilküste grenzte, unter deren Abbruchkante die Klippen lagen, die hier senkrecht ins Meer fielen. Nachdem er den Rollstuhl des alten Mannes neben die Bank geschoben hatte, war Benjamin vorsichtig auf dem Bauch bis zur Abbruchkante gerobbt und hatte in die Tiefe gespäht, wo die schäumende Gischt gegen die Steine klatschte und nur ab und zu ein schmaler Sandstreifen zwischen Wasser und Steilküste zu sehen war. Das Manuskript mit den drei neuen Erzählungen hatte er vor ein paar Tagen vorausgeschickt und der alte Herr, der ihm bisher noch nicht so mürrisch vorgekommen war, hatte ihm am Telefon versprochen, es gründlich zu lesen.

Am Himmel trieben ein paar Wolkenfetzen vor die Abendsonne, der Seewind frischte auf und es wurde kalt. Der Verleger zog an der Wolldecke, die sich über seine Oberschenkel spannte. „Die Welt braucht keine Kriminalgeschichten, in denen alte englische Lords vergiftet werden." „Aber Herr Dr. Strasser. Der Lord wird nicht einfach vergiftet. Die Spurensicherung tappt ins Leere und weiter hinten in der Geschichte..." Benjamin nestelte an seinem Manuskript herum und blätterte fieberhaft.

„Lass das", unterbrach ihn der Verleger. „Ich kenne diese dummen Stories." Der Junge zuckte zusammen. „Der grantige alte Knauser hat wahrscheinlich am Tag vor seinem Tod die Familie zu sich eingeladen, stimmt's?" „Wie wissen Sie das, Herr Dr. Strasser?" Benjamin fühlte sich ertappt. „Solche Möchtegernkrimis

Krimis für Kids
Hochspannung im Deutschunterricht - Bestell-Nr. 11 033
KOHL VERLAG Der Verlag mit dem Baum
www.kohlverlag.de

4 Drei Dinge

haben doch alle das gleiche Strickmuster.“ „Ja, aber, der Reitlehrer der jungen Emily...“, warf Benjamin ein, doch schnell fuhr ihm der Verleger dazwischen, „wird sich in die junge Emily verlieben, vielleicht auch noch der alten Lady den Kopf verdrehen und schließlich die Ladung Arsen in die Pralinen spritzen...“ Benjamin spürte einen Kloß im Hals. „Ich gebe zu, es ist vielleicht nicht sonderlich originell, aber..“

„Deine Erzählungen kannst du in die Tonne treten, mein Junge. Der neue Band soll ‚Krimis für Kids‘ heißen und nicht ‚Alte Hüte für Dummköpfe‘. Als Verleger muss ich dir sagen: Deine sämtlichen Texte sind für mich unbrauchbar.“ Benjamin zitterte in der kühlen Luft. „Mit solchen Manuskripten kann ich inzwischen meine Wohnung tapezieren. Du bist nicht nur einfallslos, sondern auch absolut untalentiert. Hier, ich markiere dir deine schlimmsten Sätze einmal mit dem Rotstift.“

Nein, das hätte Dr. Strasser nicht tun sollen! Nicht mit diesem Rotstift, der sich vor seinen Augen vertausendfachte und den Jungen hier oben auf der Klippe an alle Rotstifte erinnerte, die sich jemals auf seinen Heftseiten ausgetobt hatten. Da war der Füller des jungen Deutschlehrers, der ihn in der Grundschule mit seinem Gemäkel gequält hatte. Da gab es den Rotstift von Madame Plui, der kleinen Französin, die seine falschen Vokabeln mit dicken Strichen markiert hatte, den leuchtend roten Füller von Herrn Wilke, dem Besserwisser mit der fetten Pranke, die sich mit rotem Gekrakel über alle seine Aufsätze gelegt hatte.

Benjamin starrte auf die Tinte des Verlegers, die wie frisches Blut aus der Feder pulsierte und sich auf seinem Blatt zu wüsten Kommentaren verteilte. „Komm jetzt,“ unterbrach der alte Mann plötzlich sein Geschmiere, „Es ist schon spät. Schieb mich da hoch!“ Er zeigte nach hinten auf den Schotterweg, der schnurgerade und sacht ansteigend zur Villa hinauf führte. „Wenn du dich beeilst, kannst du noch den Siebenuhrzug erwischen. Nimm das hier mit, ich habe keine Verwendung mehr dafür.“ Damit hielt er dem Jungen die bekrakelten Blätter wie welkes Laub hin, so als klebe Benjamins ganze Dummheit daran.

Der Junge trat hinter den alten Mann, löste die Bremse und umklammerte die beiden Griffe des Rollstuhls. „Und merke dir für die Zukunft, mein Junge“, fügte der Verleger hinzu, „diese drei Dinge gehören zu einem guten Krimi: ein ungewöhnliches Motiv, ein ungewöhnliches Opfer...“ Benjamin blickte zum alten Mann im Rollstuhl hinunter, der ihm einen Moment lang leid tat. Der Verleger tupfte sich die schweißnasse Stirn und fuhr fort: „Ein ungewöhnlicher Tatort selbstverständlich auch. Hörst du mir überhaupt zu? – Tatort!“

Benjamin schwieg jetzt. Er musterte den Schotterweg, der hier ein ziemliches Gefälle hatte und am Rand der Steilküste endete, die hier nicht mit einem Zaun gesichert war. Nur ein kleines Schild warnte Touristen davor, zu nah an die gefährliche Abbruchkante zu treten. Die Räder des Rollstuhles mahlten sich in den Schotter. Benjamins Hände klammerten sich wie Schraubstöcke um die beiden Griffe. „Ungewöhnlicher Tatort, hast du verstanden?“, wiederholte der alte Mann und wartete auf eine Antwort.

4 Drei Dinge

Es sollten die letzten Worte sein, die der alte Verleger in seinem Leben sprach. Die Räder seines Rollstuhles drehten sich auf einmal immer schneller, das Knirschen auf dem Schotterweg wurde lauter, verstummte plötzlich und wurde von einem gellenden Schrei abgelöst, der tief unten in der tosenden Gischt verhallte.

Spaziergänger fanden die Leiche des Mannes am nächsten Morgen am Fuß der Klippen. Siebzehn Meter Fall hatten gereicht, seinen Rollstuhl hier auf den Steinen völlig zu zerschmettern. Der leblose Körper dagegen sah merkwürdig unversehrt aus und der zornige Blick des alten Mannes schien geradezu eingefroren auf dem faltigen weißen Gesicht, das hier auf dem flachen Stein ruhte und von der Flut sanft umspült wurde. Selbst bei der breiten roten Spur, die sich wie eine hingekrakelte Unterschrift quer über das blütenweiße Hemd des Toten zog, handelte es sich nicht um Blut, sondern um die rote Tinte, die aus dem geplatzten Füller des Opfers geflossen war.

KOHL VERLAG
Der Verlag mit dem Baum
www.kohlverlag.de

4 Drei Dinge

EA

1. Die Figuren

a) In diesem Krimi ist die Rede von einem Verleger, einem Manuskript und einem Autor. Informiere dich in einem Lexikon oder im Internet, was damit gemeint ist und welche geschäftliche Beziehung Verleger und Autor normalerweise miteinander haben.

b) Charakterisiere Herrn Strasser, den Verleger, indem du Textstellen aufsuchst, die seine Eigenschaften deutlich machen.

c) Stelle dar, wie sich Benjamin dem Verleger gegenüber verhält, und zeige, wodurch Benjamins Wut auf den Verleger wohl ausgelöst wurde. Markiere diese Textstellen.

EA

2. Mord im Kopf

a) Finde heraus, ob es deutliche Beweise dafür gibt, dass hier ein Mord geschah und dass Benjamin der Täter ist, oder ob es nicht auch ein Unfall gewesen sein könnte.

b) Zeige, wodurch beim Leser der Eindruck entsteht, Benjamin habe einen Mord begangen.

GA

3. Ein Krimi übers Krimischreiben

a) Klärt, ob Benjamin ein wirklich gutes Manuskript vorlegt, oder ob Herr Dr. Strasser mit seiner Kritik vielleicht Recht haben könnte.

b) Findet heraus, ob der Krimi „Drei Dinge" die drei Dinge enthält, von denen Herr Dr. Strasser spricht.

c) Schlüpft selbst in die Rolle eines Krimiverlegers und schreibt auf, welche Krimis ihr von euren Autoren haben möchtet.

GA

4. Grausamkeiten?

Sprecht darüber, ob die Leiche hier auf übertrieben grausame, auf behutsame oder auf realistische Weise beschrieben wird, und klärt, warum ein „zerschmetterter Rollstuhl" vielleicht schockierender auf den Leser wirken kann als ein zerschmetterter Körper.

KOHL VERLAG Der Verlag mit dem Baum
www.kohlverlag.de
Krimis für Kids
Hochspannung im Deutschunterricht - Bestell-Nr. 11 033

5 Suppenkasper

Du kennst diese Szene bestimmt aus einem Film oder aus einem Roman: Chinarestaurant „Goldener Drache", kleiner Tisch am Fenster, zwei Personen sitzen sich gegenüber: Das Opfer, Linda, 12 Jahre, weiblich, kaut abwechselnd supernervös an Salzgebäck und Fingernägeln. Ihr Entführer, der Typ mit den langen Haaren, dem Oberlippenbart, dem schmuddeligen Hemd, der karierten Jacke und den Froschaugen wedelt hektisch nach dem Kellner. Wenn du ganz scharf hinsiehst, entdeckst du die pralle Beule in seiner rechten Jackentasche. Vorsicht, das ist kein Maurerhandy, kein Ziegelstein und auch keine Stulle von Mama! Nein, hier bläht ihm eine echte Walther P99 die Kutte. Du fragst, woher ich das weiß? Ich will später einmal Polizistin werden. Auf so einen Job muss man sich schließlich vorbereiten. Zur Zeit lese ich das Kapitel „Handfeuerwaffen und ihre Handhabung."

Leider hockte ich an jenem Tag beim Chinesen auf der falschen Seite der P99, da, wo sich manchmal Kugeln lösen können. Der Typ hatte mich den ganzen Nachmittag schon in die Mündung glotzen lassen. Gegen 13 Uhr war es passiert: Froschauge hatte mich an der Bushaltestelle am Waldweg in seinen Uralt-Toyota gezerrt und mich für die nächsten Stunden gefesselt und geknebelt in einer miefigen Kellerwohnung geparkt. Um 17 Uhr klingelte bei Bankdirektor Lehmbach, meinem lieben Paps, das Telefon und der Entführer forderte mit Piepsstimme Dreihunderttausend in kleinen Scheinen, abzuliefern gegen 20 Uhr, Hauptbahnhof, Schließfach 3312. Sollte etwas schief gehen oder sollte Papa Lehmbach auf die dumme Idee kommen, die Polizei zu benachrichtigen, würde er Töchterchen Linda in leckeren kleinen Portionen heimschicken, das rechte Ohr zuerst eintüten und zur Post bringen. Ich fummelte an meinen Ohrclips herum und flehte ein „Hallo Paps, bitte tu alles, was der Mann sagt, er meint es ernst!" ins Täterhandy.

Der Gedanke an leckere kleine Portionen musste meinen Entführer auf die Idee gebracht haben, mich noch am gleichen Tag zu diesem Chinesen zu schleppen. Also pappte er sich ein falsches Bärtchen unter die Nase, schob sich die Perücke auf die Glatze und zerrte mich an die frische Luft. An den Tischen ringsum popelten die Gäste an ihren Frühlingsrollen und Knusperenten, während ich das Gefühl hatte, der dicke Buddha von der Fensterbank wollte sich gleich mit seinem dicken Buddhahintern auf meinen Bauch plumpsen lassen. Ich würgte an der Salzstange und blickte mich Hilfe suchend um. „Komm bloß nicht auf dumme Gedanken, mein goldenes Gänschen!" Seitdem Froschauge mich einkassiert hatte, nannte er mich so, wohl wegen der dreihunderttausend Mäuse, die ich ihm einbringen würde.

Hätte ich jetzt aufspringen und laut um Hilfe schreien sollen? Vergesst es, Leute! Froschauge hätte mich entweder sofort erledigt oder blitzschnell nach draußen gezerrt. Hätte ich dem Grinse-Chinesen, der mager wie eine Bambusstange bei uns am Tisch die Kerze anzündete, ins Ohr flüstern sollen, dass man mich soeben frisch entführt hatte? Der würde nur weitergrinsen, mein Chinesisch war einfach zu schlecht für solche Aktionen.

Krimis für Kids
Hochspannung im Deutschunterricht - Bestell-Nr. 11 033
KOHL VERLAG Der Verlag mit dem Baum
www.kohlverlag.de

5 Suppenkasper

Plötzlich steuerte ein älterer Herr mit schneeweißen Haaren den Nebentisch an und grüßte freundlich zu mir herüber. „Wer ist der Typ?“ zischelte Froschauge, ließ die Speisekarte sinken und musterte den neuen Gast. „Das ist Herr Wilke. Wir kennen uns aus der Schule,“ entgegnete ich. „Ein Pauker also. Kein Wort zu dem, verstanden, mein goldenes Gänschen!“

Hauptwachtmeister Wilke war aber kein Lehrer, sondern ein Polizist. Er kam regelmäßig zu uns in die Schule, informierte mal über Drogen, mal über Amokläufe und ab und zu lieferte er bei solchen Besuchen Jason-Fabio Oberhommert, unseren Schulschwänzer aus der 9b, den er am Vormittag in der Stadt oder im Supermarkt einkassiert hatte, im Sekretariat ab.

Meinem Gegenüber schien das Wasser im Mund zusammenzulaufen, als er die Speisekarte studierte. „Habe ich euch heute Morgen auch alles gut erklären können?“, fragte Wilke vom Nebentisch. „Danke, es war sehr lehrreich und sehr interessant, Herr Wilke!“ erwiderte ich brav. Froschauge wurde misstrauisch, beugte sich zu mir herüber und flüsterte: „Der Typ hat sie wohl nicht mehr alle! Seit wann fragt dich ein Pauker, ob er dir alles gut erklären konnte?“ „Unser Herr Wilke ist nun mal besorgt um seine Schüler.“ Froschauge ließ sich nicht abwimmeln: „Was gibt er denn bei dir?“ „Ma ... Mathematik!“, stammelte ich verlegen.

Wilke bestellte nebenan eine Portion „Ente mit 3 Kostbarkeiten“ und setzte mit einem langen Blick auf mein Gegenüber nach: „Das Allerwichtigste ist ein solides Fahrradschloss. Dann haben Kriminelle keine Chance.“ Froschauge zuckte zusammen und kam wieder ganz nah:„Was quatscht der Pauker da von kriminellen Fahrradschlössern? Ich denke, der gibt Mathe!“ „Wir nehmen gerade diese..., diese Zahlenschlösser durch und rechnen aus, wie oft man probieren muss, um einen Zahlencode zu knacken.“ „So so“, knurrte der Entführer.

Diese geniale Antwort rettete mich über die nächsten drei Minuten. Ich wurde das Gefühl nicht los, jemand habe mir hier im Lokal einen Chinaböller untergeschoben, dessen Lunte längst zischelnd Funken sprühte. Gab es denn keinen Weg, Herrn Wilke mitzuteilen, dass ich in höchster Lebensgefahr schwebte, ohne dass mein Entführer Wind davon bekam.

Ich studierte die Speisekarte, überflog das Geflügel und bremste kurz bei den acht Schätzen in scharfer Soße. Ich hätte Froschauge am liebsten in so einer ätzenden Plörre ertränkt, von Tintenfischen würgen oder in eine Frühlingsrolle wickeln und nach Peking schicken lassen.

Dann entdeckte ich die „Entensuppe-Kiddy-Special“, las die Beschreibung und hatte Mühe, meine klammheimliche Freude zu unterdrücken: „Ich habe etwas gefunden!“, rief ich meinem Entführer mit gespielter Gleichgültigkeit zu. „Na endlich!“ erwiderte der und winkte die grinsende Bambusstange heran. Froschauge bestellte Chop Suey mit Hühnerfleisch und ich orderte: „Nr. 23 bitte, die Entensuppe-Kiddy-Special!“ „Gloße Telline odel kleine Telline?“, sang der Chinese und ich entschied mich für die XXL-Portion.

Krimis für Kids
Hochspannung im Deutschunterricht - Bestell-Nr. 11 033
KOHL VERLAG Der Verlag mit dem Baum
www.kohlverlag.de

5 Suppenkasper

Beim Entenfüttern im Park hätte ich mir nicht träumen lassen, dass ich den Viechern in einer Suppe jemals so sehr entgegenfiebern könnte wie an jenem Tag im goldenen Drachen. Ich wagte gar nicht, mir Papa und Mama daheim vorzustellen. Vielleicht verpasste Dr. Krause der Mama nach dem dritten Nervenzusammenbruch gerade ein Schlafmittel, vielleicht zapfte eine Horde von Polizeitechnikern unsere Telefonleitung an, während Spezialisten den Geldkoffer mit Peilsender und Minikamera präparierten.

Die grinsende Bambuslatte bugsierte die dampfende Suppenschüssel auf unseren Tisch, stellte dem Entführer den Chop Suey Fressnapf hin und entfernte sich freundlich. Herr Wilke wünschte mir guten Appetit und musterte kurz die heiße Entenbrühe, die ich mir in den Teller füllte.

Froschauge baggerte gierig sein Chinafutter wie einer, der tagelang nichts gegessen hat. Er achtete weder auf mich noch auf Herrn Wilke noch auf das Entenzeugs. Ich machte mich mit zitterndem Löffel an die Arbeit, fischte hier und da in der trüben Flüssigkeit herum, baggerte ein paar Entenstückchen heraus, um sie gleich wieder in den Teller fallen zu lassen, schob Gemüsebrocken zur Seite und schabte über den Tellerboden. Dann fand ich endlich das, wonach ich so fieberhaft suchte.

Vorsichtig legte ich das kleine „H“ auf dem dunkelblauen Tellerrand ab. Für das „L“ reservierte ich mir einen weiteren Platz am Ententeichufer. Auch ein „E“ war schnell gefunden, ich fischte es aus der Entensuppe, platzierte es ganz außen in der Buchstabenreihe und blickte zwischendurch zu Herrn Wilke, der meine Nudelsortieraktion bisher noch nicht wahrgenommen hatte.

Zum Glück versperrte ein chinesischer Lampignon Froschauge den Blick auf meinen Tellerrand. Er merkte nur, dass ich bisher noch keinen Löffel zum Mund geführt hatte. Es wäre einfach zu gefährlich gewesen, die letzten Buchstaben, die mir noch fehlten, einfach herunterzuschlucken. Also ließ ich es bleiben.

„Was soll das?“, zischte der Entführer plötzlich. „Erst kannst du nicht genug von der Plörre kriegen, dann stocherst du darin herum, als wär's vergiftet!“ „Ich war schon als Kind ein Suppenkasper.“ „Wie bitte?“ „Suppenkasper hat sich immer geweigert, seine Suppe zu essen.“ „Was ist aus dem Idioten geworden?“ „Nach fünf Tagen war er tot.“ Froschauge ließ einen Rülpser krachen. „Er ist eine Figur aus dem Struwwelpeter,“ erklärte ich. „Auch so ein dummer Pauker von dir?“ „Unsinn, der Struwwelpeter ist die Titelfigur eines Bilderbuches aus dem vorigen Jahrhundert. Das weiß doch wohl jedes Kind!“

Froschauge wurde knallrot, knallte die Gabel auf den Tisch, griff in die Jackentasche und zischte spuckend über den Tisch: „Halt die Klappe, goldenes Gänschen, sonst werde ich dich auf der Stelle rupfen, und zwar mit einer Waffe aus diesem Jahrhundert!“ Für einen Moment riss er die Pistole in der Tasche hoch und bohrte die Mündung der Knarre in den Jackenstoff, sodass der bis zum Zerreißen gespannt wurde. Ich hatte verstanden. Jetzt bloß keinen Fehler mehr machen! Ich schob ein leises „Entschuldigung“ hinterher und beugte mich

Krimis für Kids
Hochspannung im Deutschunterricht - Bestell-Nr. 11 033
KOHL VERLAG
www.kohlverlag.de

zitternd über den Ententeller.

Froschauge hangelte nach der Gabel, biss zu und ich konnte meine Suche nach dem „F“ fortsetzen. Ich fand es unter einem Entenstückchen, entfernte die kleinen rosa Fleischfitzel und präparierte den Nudelbuchstaben sauber zwischen „L“ und „E“ auf dem Tellerrand. Wilke lächelte mir zu. Er hatte inzwischen bemerkt, dass ich irgendwie mit der Suppe spielte, hielt mich wohl für albern und bekam jetzt selbst ein gebackenes Hähnchen mit Bambussprossen vorgesetzt.

In meinem verdammten Ententeich schwamm kein einziges „I“. Das Buchstabensuppennudelalphabet war unvollständig und unbrauchbar. In der Terrine dümpelten bergeweise Vokale, ein O trieb neben einem U, ein E klebte an einem A, aber nirgendwo fand ich das verflixte „I“.

Hätte ich die Bambuslatte an den Tisch winken und mir die gesuchte Nudel nachbestellen sollen: „Ich habe noch ein bisschen Appetit. Bringen Sie mir bitte ein I!“ Der Porzellanbuddha wäre vor Lachen auf der Fensterbank zersprungen und mein nervöser Entführer hätte mit seiner P99 ein chinesisches Tischfeuerwerk abgefackelt.

Froschauges Chop Suey reichte noch für wenige Minuten. Dann würde er zahlen und mich wieder ins Kellerloch verfrachten. Als ich darüber nachdachte, welche Körperteile mir der Kerl wohl zuerst abtrennte, kam mir plötzlich die rettende Idee.

Ich fischte ein „E“ aus der Entenplörre, schnitt mit der Löffelkante ganz vorsichtig die drei kleinen Nudelbalken ab und schob mit dem Finger das so entstandene „I“ behutsam zwischen „H“ und „L“ auf den Tellerrand.

„Was machst du denn da, mein Gänschen?“, donnerte es auf einmal aus Richtung Entführer. Froschauge beugte sich über den Lampignon und glotzte argwöhnisch auf meine Nudelexperimente. Zum Glück war der Schriftzug von seiner Seite aus kaum lesbar. Er grunzte nur böse: „Lass die dämliche Spielerei und schlürf endlich deine Entenpampe! Wir haben nicht mehr viel Zeit!“

Wilke war jetzt auf uns aufmerksam geworden, musterte Froschauge und blickte dann zu mir herüber. Ich signalisierte ihm mit vorsichtigen Kopfnicken und ausgestrecktem Zeigefinger, er solle meinen Tellerrand betrachten. Dann erschrak ich, als sich Froschauge wieder vornüber beugte. Aber diesmal hatte er sich nur verschluckt, hustete, spuckte und ließ ein paar Chop Suey Brocken auf die Tischdecke rieseln.

Wilke verstand zunächst nur chinesisch und nahm meine Botschaft erst wahr, als ich den Teller so zu ihm hindrehte, dass sich das Nudelwort vor dem dunkelblauen Porzellanhintergrund wie ein grellgelber Angstschrei abhob: „Hilfe“ stand da in reinem Nudeldeutsch und jetzt las Hauptwachtmeister Wilke plötzlich, was ich ihm sagen wollte. Er nickte mir kaum merklich zu, erhob sich und tastete im Gehen bereits nach seinem Handy.

5 Suppenkasper

Den Rest der Veranstaltung erledigte ein Polizistenpärchen in Zivil, das sich kurz darauf dem Entführer von hinten näherte. Froschauge wurde blitzschnell überwältigt. Die Beamten patschten ihn mit der Stirn in die fette Chop Suey Soße, kassierten seine P99 und verpassten seinen Armen die in solchen Fällen übliche Handschellendeko, während im Hintergrund die Bambuslatte in Ohnmacht sank und im Fallen den dicken Buddha mit lautem Krachen von der Fensterbank fegte.

Als mich Mama und Papa später vor Freude weinend in die Arme schlossen und Herr Wilke ihnen von meiner coolen Nudelnummer erzählte, konnten sie es kaum glauben. Dabei hatte ich einfach nur ein Bärenglück gehabt, denn neuerdings, so sagt man, soll es im Goldenen Drachen nur noch Buchstabensuppen mit Chinesischen Schriftzeichen geben!

Ansonsten war's das, Leute. Ich schnappe mir jetzt mal ein paar Brotscheiben und breche zum Teich auf. Hab' da noch was gutzumachen: Quakquak!

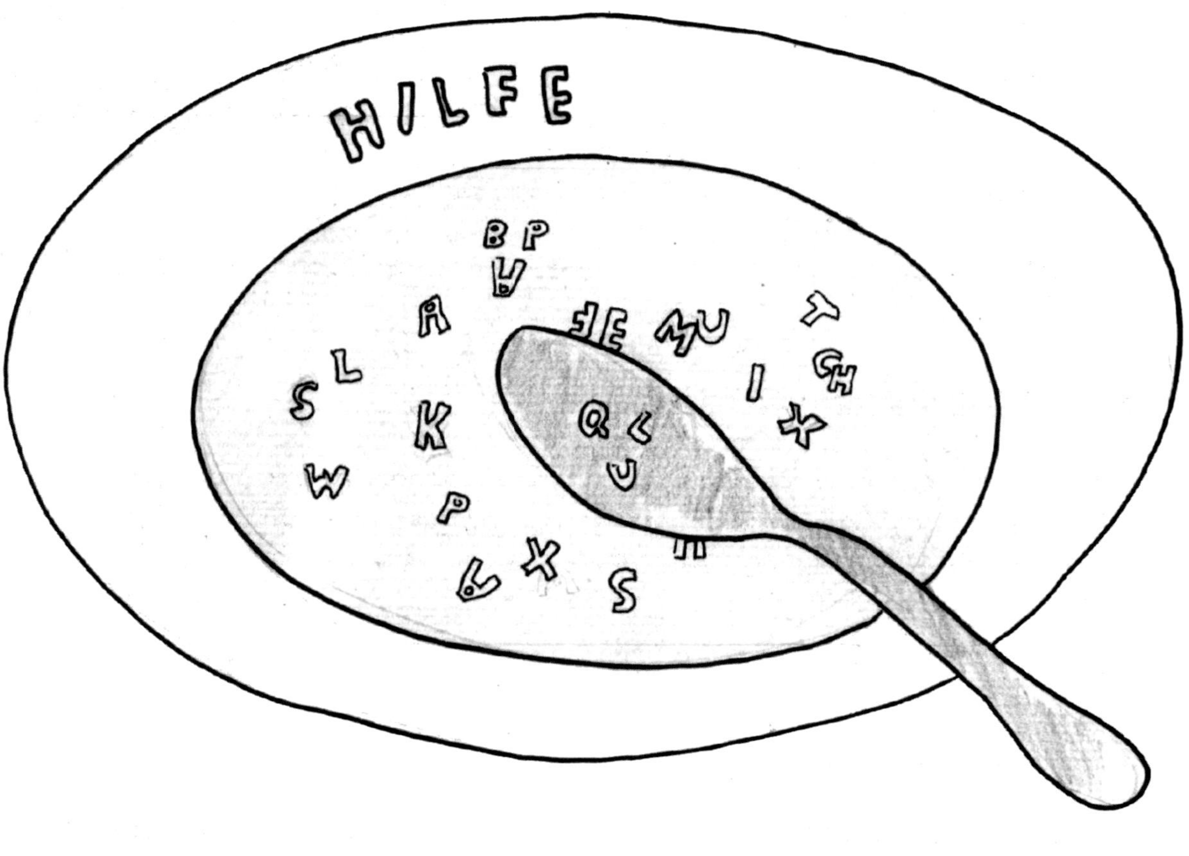

KOHL VERLAG Der Verlag mit dem Baum www.kohlverlag.de
Krimis für Kids
Hochspannung im Deutschunterricht - Bestell-Nr. 11 033

5 Suppenkasper

1. Entführer überwältigt

EA

a) Schreibe einen Zeitungsbericht für die „Nordnachrichten". Er erscheint am Tag nach der Aufklärung des Entführungsfalles und handelt von den Ereignissen, von denen im Krimi die Rede ist.

b) Die „Nordnachrichten" drucken auch ein Interview mit einem Augenzeugen und einem Beteiligten: mit dem Kellner des Chinarestaurants und mit Herrn Wilke. Schreibe diese Interviews, in denen deutlich wird, was sich im Lokal ereignete. Spiele sie anschließend mit einem Partner oder mit einer Partnerin der Klasse vor.

2. Linda, 12 Jahre, weiblich

PA

a) Ihr findet hier verschiedene Meinungen zu Linda. Nehmt Stellung zu den Aussagen. Markiert im Text Hinweise, mit denen ihr eure Meinung begründen könnt:

Basti: *Linda schlottert vor Angst, das merkt man im Text sofort.*
Luisa: *Also, Linda schildert die Ereignisse im Rückblick. Sie hat also alles bereits erlebt und kann jetzt locker darüber schreiben. Man merkt ganz deutlich, dass der Entführungsstress längst von ihr abgefallen ist.*
Yasemin: *Mir ist Linda zu flapsig. Sie versucht dauernd komisch rüberzukommen.*
Oliver: *Dadurch wird der Krimi aber erst interessant.*
Paula: *Ich stimme Oliver zu. Der Krimi ist lesenswert, weil Linda zwar in Lebensgefahr schwebt, trotzdem aber Humor zeigt, wenn sie etwa den Kellner oder den Entführer beschreibt.*
Leon: *Auf jeden Fall ist Linda sehr clever und mutig.*

b) Schreibt einen Brief an Linda, in dem ihr dieser eure Meinung über sie mitteilt.

3. Spannung und Entspannung

EA

Dieser Krimi lebt davon, dass der Leser an manchen Stellen Spannung empfindet und dann wieder entspannen kann, weil etwa mit Humor erzählt wird. Markiere einige Spannungshöhepunkte am Textrand mit roter Farbe, einige entspannende Stellen mit grüner Farbe.

4. Entesuppe von Speisekalte gestlichen!

EA

Stell dir vor, Linda habe keine „Entensuppe-Kiddy-Special" mit Buchstabennudeln mehr bekommen können. Schreibe den Krimi so um, dass sie den Entführer nun auf andere Weise „austrickst".

6 Jeronimo

Ich hatte eine verdammt harte Wochen hinter mir: Montag brachte ich auf den Bahamas einen Autoknacker hinter Gitter, Dienstag ließ ich eine Bande Drogenschmuggler an der Grenze zu Pakistan auffliegen, Mittwoch befreite ich die entführte Millionärstochter aus ihrem Kellerloch bei Osnabrück, Donnerstag entschärfte ich in letzter Sekunde die Bombe an Bord des Öltankers, der führerlos auf die Elbmündung bei Cuxhaven zutrieb, und vor ein paar Sekunden konnte ich das Attentat auf die Kanzlerin nur noch dadurch verhindern, dass ich mich aus einem Fenster im 3. Stock des Plaza-Hotels auf den Todesschützen fallen ließ. Ich knallte mit dem Hintern auf das Zielfernrohr seiner Präzisionswaffe und spürte einen höllischen Stich in der linken Pobacke.

„Basti, wie oft hab ich dir gesagt, dass du nicht mit dem Stuhl kippeln sollst!" Frau Pfeiffer-Pohlmann blickte böse über den Brillenrand und sah nicht aus wie die soeben gerettete Kanzlerin, eher wie die wütende Deutschlehrerin der 6b, die sich über einen am Boden liegenden Schüler beugt. Der harte Griff des Kehrbleches, auf dem ich gelandet war, sah auch nicht aus wie eine Präzisionswaffe. Ein Kippelunfall, nichts weiter, so was kommt vor.

„Hinten links tut es höllisch weh!", übertrieb ich ziemlich gequält und kriegte für den Rest der Stunde ein Ticket fürs Sekretariat, wo Frau Schulze bei solchen Verletzungen Kühlakkus verordnete.

Max-Uwe Krull musste mich begleiten. Krulli, der im Unterricht nie einen Mucks von sich gab, stellte sein Sprachmodul auf Speedquatschen, sobald wir draußen waren: „Möchte mal wissen, wovon du wieder geträumt hast, Schlafbacke!" „Geht dich einen Furz an!" „Hab doch gesehen, dass du beim Kippeln eingepennt bist!" „Na und?" „Hattest wohl einen detektivischen Schnüfflertraum, gib es zu!" „Halt die Klappe, Krulli!" „Schlafbacke hat mal wieder die Welt gerettet, während wir bei der Pfeiffer-Pohlmann stinklangweilige Grammatik pauken mussten! Zur Strafe haste dir 'nen blauen Fleck am Arsch geholt!"

Krulli ahnte nicht, dass ich immer noch hundemüde war, weil ich vorige Nacht zusammen mit Paulchen Flömer von meinem Zimmer aus die Wohnung von Kowalskys beobachtet hatte, nur weil Paulchen ein paar Stunden vorher die Lifeübertragung eines wüsten Kowalsky-Ehekraches aus dem offenen Küchenfenster empfangen hatte, der angeblich mit Kowalskys Morddrohung an seine Alte „Ich mach dich kalt!" zu Ende gegangen war.

„Wenn er mit schweren Koffern das Haus verlässt, hat er Hildegard Kowalsky zersägt und ihre Leiche ist da drin!", hatte Paulchen am Telefon gesagt, „ich habe so was mal in einem Krimi gesehen." Also legten wir uns mit Chipstüten und Ferngläsern am Fenster auf die Lauer. Vier Stunden lang passierte gar nichts, um Mitternacht verließ Kowalsky tatsächlich mit zwei schweren Koffern die Wohnung und verfrachtete sie vorm Haus in seinem alten Ford. Paulchens Finger zitterten über der Handytastatur und ich konnte ihn gerade noch daran hindern, die Polizei zu rufen, denn aus dem Küchenfenster winkte eine mopsfidele Adelheid Kowalsky, warf ihrem Mann eine Stulle zu und rief ihm ein verliebtes „Bis morgen, Schatz, fahr vorsichtig!" hinterher.

6 Jeronimo

„Detektiv spielen ist absolut dämlich, wenn du mich fragst!“, knurrte Krulli. „Dich fragt ja keiner!“, zischte ich zurück und steuerte auf die Treppe vor dem Sekretariat zu. „Ihr Schlafbacken habt doch noch nie im Leben einen Fall gelöst!“, kicherte Krulli schadenfroh, glotzte mich herausfordernd an und fuhr fort: „Wenn du in der Schule so weiterpennst, hast du bald Zeit genug deinen eigenen Fall zu lösen, weil du kleben bleiben wirst, Alter!“ Ich verpasste ihm einen Arschtritt, Frau Schulze verpasste ihm den größeren Kühlakku und für den Rückweg hatte ich meine Ruhe.

Tatsächlich hatten Paulchen Flömer und ich mit unserem Detektivbüro „Durchblicker“ auf Paulchens Dachboden bis jetzt noch keinen einzigen Fall gelöst. Vielleicht waren wir deswegen so ungenießbar. Betty Krone hatte mich einige Male vergebens ins Schwimmbad eingeladen, selbst auf Pamela Schröders Geburtstagsparty waren wir nicht aufgekreuzt, da wir ausgerechnet an jenem Nachmittag in Hoppes Vorgarten mit der Spurensicherung beschäftigt gewesen waren, weil irgend so ein dummer Köter aus der Nachbarschaft Hoppes Gartenzwerge angepisst hatte.

Jeremy und Mona-Constanze sprachen neuerdings nur noch das Nötigste mit uns, Vera fand uns „voll peinlich“ und die Fußballerclique verbreitete das Gerücht, wir würden uns demnächst „Holmes“ und „Watson“ nennen und nach England auswandern.

Damals wusste ich noch nicht, dass sich ausgerechnet Penelope Wiegmann übelst in mich verglotzt hatte. Ich hätte es gleich merken müssen, als sie mich mit den Worten: „Lasst Basti in Ruhe!“ gegen das Gequatsche der Clique in Schutz nahm oder als sie so tat, als interessiere sie sich riesig für meine detektivische Arbeit. Sie fragte mir dann Löcher in den Ermittlerbauch wie: „Sag mal, Basti, wie viele Rillen hat eigentlich so ein Fingerabdruck?“ oder „Hast du schon einmal eine echte Wasserleiche gesehen?“

Eines Tages kam sie die schmale Stiege zum Dachboden hochgestapft, klappte die Luke auf und spähte mit ihrem Blassgesicht unsicher in die staubige Bodenluft. „Was willst du denn hier, Penelope Wiegmann?“, knurrte Paulchen böse, weil er schon wieder eine Fragestunde von Penny Dummchen erwartete.

Doch an jenem Tag hatte Penelope einen ganz anderen Grund, bei uns aufzukreuzen: „Jeronimo ist entführt worden!“ „Wer ist das denn?“, fragte ich, und statt zu antworten, zog sie einen Briefumschlag aus der Jackentasche, kippte uns ein pelziges Haarbüschel auf den Schreibtisch und fügte zögernd hinzu: „Die gehörten einmal Jeronimo!“.

Paulchen kam ganz nahe heran und grübelte: „Lila Haare? Ist Jeronimo ein Punk?“ „Doofmann, er ist mein Rosettenmeerschweinchen.“ „Und warum hast du es rasiert?“, witzelte Paulchen, doch Penelope war nicht nach Späßen zu Mute: „Der Entführer hat es rasiert. Hier, lest selbst!“ Sie fingerte einen Brief aus dem Umschlag und hielt ihn uns hin. Auf dem Papier klebten Wörter, die jemand aus Zeitungen ausgeschnitten hatte: „Wenn du dein Tier lebend wiedersehen willst, besorge 50 Euro in kleinen Scheinen und warte auf weitere Anweisungen!“

KOHL VERLAG Der Verlag mit dem Baum
www.kohlverlag.de
Krimis für Kids
Hochspannung im Deutschunterricht - Bestell-Nr. 11 033

6 Jeronimo

Ich betrachtete den Entführerbrief genauer, hielt ihn gegen das Licht der Deckenlampe und entdeckte hier und da Spuren von Penelopes Schokoladenfingern. Außerdem fiel mir auf, dass sich der Entführer keine große Mühe gemacht hatte, die Wörter auszuschneiden, denn sie schienen alle aus der gleichen Zeitungsausgabe zu kommen.

Penelope starrte mich voller Erwartung an: „Ich vertraue dir, Basti. Bring mir meinen Jeronimo zurück, bitte, lebendig und gesund!“ Ich fühlte mich wie in einem dieser Filme, in denen Frauen von Männern verlangen, Hochhausbrände zu löschen oder Serienkiller unschädlich zu machen. Ich trat einen Schritt auf sie zu, tätschelte ihr mit der Hand auf die Schulter und sagte: „Verlass dich drauf, Penelope. Ich werde Jeronimo finden und dann werde ich das Schwein erledigen!“ Eine Träne lief an Pennys Wange herunter, denn sie schien etwas missverstanden zu haben: „Du willst ... Jeronimo erledigen?“ „Unsinn, Penny, ich meine das Entführerschwein, nicht dein Meerschweinchen!“

Wir nahmen die Ermittlungen auf und untersuchten erst einmal den Tatort. Als es passiert war, hatte Jeronimo im Käfig bei Wiegmanns hinter dem Haus auf einem Gartentisch gestanden. Penny nahm das Meerschweinchen an schönen Tagen oft für ein paar Stunden mit hinaus ins Freie. „Dann klingelte das Telefon, ich bin ins Haus gerannt, und als ich zurückkam, war der Käfig nicht mehr da.“ „Der Täter muss dich also beobachtet haben,“ folgerte Paulchen, „wahrscheinlich ist er einfach durchs Gartentor gekommen und anschließend durch die Parkstraße geflüchtet.“

Zwei Stunden lang klingelten wir in der Nachbarschaft und fragten nach einer Person mit einem roten Kleintierkäfig, die sich auffällig benommen hatte. Frau Bärlach von gegenüber erzählte uns umständlich, wie sie ihren Goldhamster einmal in letzter Sekunde aus der kreisenden Mikrowelle gerettet habe, und Herr Tillich wollte gesehen haben, wie ein tätowiertes Mädchen mit zwei Ratten im Käfig davon gelaufen sei.

Der dicke Edwin Schwidulsky, der gerade seine Rotweinflaschen vom Vorabend in den Altglascontainer am Friedhof stopfte, knurrte: „Hört auf zu suchen, Kinder. Sie haben ihn schon längst in die Pfanne geknallt und verspeist!“ Auf Paulchens Frage: „Wen meinen Sie, Herr Schwidulsky?“ ließ er erst einen hochprozentigen Rotweinrülpser krachen, kratzte sich dann genüsslich am Bauchspeck und knurrte weiter: „Das waren ganz bestimmt diese südamerikanischen Jammerlappen mit ihrem Panschflötengedudel aus der Einkaufsstraße.“ „Meinen Sie etwa die Musiker mit den Panflöten, Herr Schwidulsky?“, fragte ich empört, und der Alte spielte plötzlich den Experten: „In Peru futtern sie Jahr für Jahr mehr als 60 Millionen von diesen strubbeligen Fellkröten.“ „Meerschweinchen, Herr Schwidulsky, Meerschweinchen!“, verbesserte Paulchen „Sag ich doch, mein Junge. Die Leute drehen den kleinen Biestern die Hälse um und verdrücken sie wie bei uns ein Stück Salami oder einen fetten Burger!“

Schwidulsky zog ab, wir blickten uns hilflos an, dachten an Jeronimo und plötzlich umarmten wir röchelnd die Hälse der beiden Glascontainer, denn in unseren Mägen fuhren niedliche kleine Rosettenmeerschweinchen Karussell.

Krimis für Kids Hochspannung im Deutschunterricht - Bestell-Nr. 11 033
KOHL VERLAG Der Verlag mit dem Baum www.kohlverlag.de

6 Jeronimo

Als ich Penny am nächsten Morgen in der Schule fragte, ob sie Feinde hätte, zählte sie sämtliche Mädchen der 6a und der 6c auf: „Außerdem die Markenklamottentussis aus der Siebten: Verena Hampel, Susi Faulhaber und Maximiliane Groll. Braucht ihr noch mehr?“ „Danke, das reicht!“, stöhnte ich, „So kommen wir nicht weiter.“

Paulchen prahlte inzwischen mit seinem neuen Meerschweinchenklingelton, den er sich aufs Handy geladen hatte, und führte allen den knatternden, fiependen und pfeifenden Jeronimo vor. Ich zeigte Penelopes Photos herum. Auf einem Bild sah man einen schwarz-braun-weißen Fellkloß, bei dem keiner erkennen konnte, wo vorn und hinten war, auf einem anderen befand sich die Rosettenfellraupe auf Pennys Schoß, halb verdeckt von ihren streichelnden Patschhänden.

Die Jungen aus der A meinten, Jeronimos Haare hätten Ähnlichkeit mit der Frisur der neuen Bio-Referendarin, Gaby Hauff jammerte, sie habe ihn ausgestopft im Schaufenster eines Tierpräparators entdeckt, und Oliver Grabenkamp behauptete, das süße Wuschelköpfchen sei vorige Nacht während des Sturmes vor seinem Fenster aufgekreuzt, habe plötzlich zwei weiße Vampirzähne blitzen lassen und gemurmelt: „Ich heiße Jeronimo und kriege euch alle!“

Penny benahm sich während der gesamten Aktion ziemlich schräg. Wenn sie mich sah, winkte sie und blickte mich an, so als ob es zwischen uns ein dickes Geheimnis gäbe. Oft lächelte sie und kniff ein Auge zu, als sei darin gerade ein Mückenschwarm notgelandet. Dabei trug sie ihren Jeronimo-Schmerz ziemlich fett vor sich her. In den ersten Tagen hüllte sie sich nur in schwarze Klamotten. Wenn jemand sie ansprach, seufzte sie unendlich lang und schmachtend: „Ach, mein Meerlie, mein süßes Meerlie!“ Ich wurde den Verdacht nicht los, als spiele sie nur die traurige, leidende Penelope, der man das Allerliebste geraubt hatte. Wie eine Klette klebte sie an mir und mindestens einmal am Tag tätschelte sie meine Schulter, um mir so, dass alle es ringsum hören konnten, zuzuflüstern: „Zum Glück habe ich ja dich, mein Basti!“

Auch Paulchen war aufgefallen, dass mit Jeronimos Frauchen etwas nicht stimmte: „Die tickt nicht richtig, wenn du mich fragst.“ Da wir ohnehin keine Fortschritte machten und sich die Entführer bisher nicht gemeldet hatten, beschlossen wir, ab sofort Penelope zu beschatten. Vielleicht bekämen wir auf diese Weise einen Hinweis auf den Verbleib des Tieres.

Wir folgten Penny am nächsten Tag zum Zahnarzt, zum Einkaufen in den Supermarkt und zum Cheerleader-Training. Leider verlief die Beschattung nicht so reibungslos, wie wir es uns vorgestellt hatten. Paulchen wurde von einer Zahnarzthelferin erwischt, als sein Meerschweinchenhandy quiekte, während er sich bei Dr. Holzgräfe in der Kleinkindecke hinter dem Schaukelpferd versteckt hatte. Er konnte gerade noch aus dem Behandlungsstuhl fliehen, bevor ihm der Doc eine Klammer verpasst hätte.

Mich schnappte die kräftige Cheerleader-Trainerin vor der Tür zur Umkleidekabine, worauf sie mir ein Paar riesiger rosa Puschel in die Hände drückte und mich in die erste Reihe vor zwanzig kichernde Mädchen neben Penelope

6 Jeronimo

Wiegmann pflanzte, die mich „So was von süüüß!“ fand, weil sie wohl dachte, die unendliche Sehnsucht nach ihr hätte mich in die Cheerleaderhölle getrieben.

Am folgenden Nachmittag bestieg Penny ihr Fahrrad, fuhr am Sportplatz vorbei und bog in den Feldweg ein, der zum Autofriedhof vom alten Kramme führte. Da draußen auf dem Gelände der ehemaligen Kiesgrube stapelten sich in langen Reihen die Rostlauben übereinander, von denen die meisten bereits ausgeschlachtet waren und nur noch auf die Schrottpresse warteten. Ab und zu sah man hier den alten Kramme vorbeihinken, wie er einen Kotflügel abschraubte, ein paar Teile hin und her schleppte oder mit dem Gabelstapler herumkurvte und alte Karren spazieren fuhr, bis sie von einem großen LKW abgeholt wurden.

An seiner kleinen Holzbude klopften ab und zu Kunden, die nach besonderen Ersatzteilen suchten. Dann tauchte Kramme in seiner Lagerhalle unter, um genau den Seitenspiegel oder den Tankdeckel aus dem Krempel zu fischen, der zum 62er Renault oder zum 78er Fiat passte. Ab und zu hörte man hier auch das Zischen und Ächzen der mächtigen Schrottpresse, die jede Rostlaube zu einem handlichen Metallwürfel schrumpfen ließ.

„Was will die hier draußen?“, flüsterte Paulchen, als wir unsere Fahrräder vorsichtig am Wegrand ablegten und hinter einem Heuballen Deckung suchten. Er blickte angestrengt durchs Fernglas und hielt es mir anschließend hin: „Sie macht sich an einer alten Karre zu schaffen, sieh selbst!“ Tatsächlich fingerte Penelope an einem knallgelben Toyotawrack herum, zerrte die Beifahrertür auf und beugte sich hinein.

Was ich dann sah, konnte ich kaum glauben. „Paulchen“, stammelte ich, „wir haben die Täterin!“ Er riss mir das Fernglas aus der Hand, blickte hindurch und staunte: „Das gibt's nicht! Sie holt einen Käfig aus dem Wrack.“ „Rate mal, wer da drin ist!“ Paulchen ließ das Fernglas sinken und murmelte: „Jeronimo!“

Wir sahen noch, wie Penelope den Rucksack öffnete, offenbar Futter herausholte, das Meerschweinchen versorgte und den Käfig anschließend wieder in das Autowrack zurück schob. „Lass uns schnell von hier verschwinden!“, mahnte ich und wir fuhren eine Weile schweigend nebeneinander her, bis Paulchen bemerkte: „Ich verstehe nicht, warum sie so etwas tut!“

Am nächsten Morgen hätten wir Penny am liebsten in der Luft zerrissen oder in die Schrumpfpresse gesteckt. Als sie sich scheinheilig nach dem Stand der Ermittlungen erkundigte und mich dabei mit ihren Penny-Scheinwerfern anschmachtete, konnte ich Paulchen kaum bremsen: „Wenn du's genau wissen willst, Penelope Wiegmann, der Meerschweinchenfall ist so gut wie auf...Au!“ Ich hatte ihn in den Oberschenkel gekniffen und setzte fort: „Der Fall Jeronimo ist aufregend, wollte Paulchen sagen, ziemlich aufregend!“

Da Penelope scheinbar nur mich aufregend fand, schöpfte sie keinen weiteren Verdacht, lud mich für den Nachmittag sogar zum Eisessen bei Luigi ein, blickte sich noch einmal lang nach mir um, als sie die Klasse verließ, und krachte draußen volle Kanne gegen die junge Bioreferendarin mit der Jeronimofrisur.

Krimis für Kids
Hochspannung im Deutschunterricht - Bestell-Nr. 11 033
KOHL VERLAG Der Verlag mit dem Baum
www.kohlverlag.de

6 Jeronimo

Seit einer halben Stunde saß ich die Bank vor dem Italiener platt und dachte darüber nach, wie ich es ihr endlich sagen sollte. Erste Möglichkeit, Taschentuchdrama: „Oh Baby, hör bitte auf, in mir deinen geliebten Jeronimo zu sehen. Ich bin kein Rosettenmeerschweinchen, ich bin Basti, hörst du, Basti!“ – Zweite Möglichkeit, Arztserie: „Penelope, du bist schwach, sehr schwach. Ich werde die Operation an deinem kranken Herzen heute noch durchführen und dich für immer von deinen eingebildeten Gefühlen heilen. Vertrau mir!“ Dritte Möglichkeit, Horrorstreifen: „Oh Penny, wenn du nicht endlich aufhörst, mir hinterherzulaufen, werde ich mir dein Meerlieschätzchen schnappen, ihm das Rosettenfellchen über die Ohren ziehen und ihn verspeisen, und zwar mit Erdbeersoße, hier bei Luigi, ist das klar?“

Es kam alles ganz anders. Penelope stand plötzlich verheult und mit schlotternden Gliedern vor mir. „Er ist weg!“, jammerte sie, „Er ist weg, Jeronimo ist weg!“ „Aber das wissen wir doch, Penny,“ antwortete ich, doch sie setzte schniefend nach: „Jetzt ist er aber richtig weg!“ Sie beichtete mir unter Tränen die vorgetäuschte Entführung, erzählte von den Zeitungsschnipseln und vom Brief, vom Autofriedhof und vom alten Kramme, ohne jedoch den wirklichen Grund für alles zu verraten: „Es war so eine superdumme Idee von mir, ich wollte einfach mal etwas richtig Verrücktes erleben!“

Tatsächlich erlebten wir kurz darauf schon etwas richtig Verrücktes, als wir auf unseren Fahrrädern zum Autofriedhof flogen und schon von weitem sehen konnten, dass der gelbe Toyota nicht mehr auf seinem Platz parkte. „Ich suche ihn schon seit heute Mittag. Der Wagen ist wie vom Erdboden verschwunden“, jammerte Penny. Im Hintergrund arbeitete die große Schrottpresse laut und erbarmungslos. Wir rannten hin, hielten uns die Ohren zu und glotzten das Pressmonster an. Plötzlich kreischte Penny: „Da!“ Das Ding spuckte gerade einen Autowrackwürfel aus, dessen gelbe Kanten darauf hindeuteten, dass der Schrottklumpen in seinem früheren Leben einmal ein Toyota gewesen war, der für ein paar Tage lang ein Rosettenmeerschweinchen beherbergt hatte. „Da ist er drin, da ist mein Jeronimo drin, mein Jeronimo!“

Der alte Kramme hinkte auf uns zu, kaute an seinen öligen Fingernägeln und brummte böse: „Was treibt ihr euch hier herum, verschwindet!“ „Wir haben da etwas vergessen..,“ erklärte ich und zeigte auf den Schrottwürfel. „Wo habt ihr etwas vergessen?“, fragte Kramme kauend. „In dem gelben Toyota, der bis gestern da drüben stand!“ Ich zeigte nach hinten über den Platz. Kramme wischte sich mit dem schmierigen Handrücken über den Mund, blickte auf den Würfel und wandte sich auffordernd an Penelope: „Die Karre passt jetzt ins Puppenparkhaus. Steig einfach ein, Fräulein, und sieh nach!“ Er prustete und schüttelte sich vor Lachen: „Aber sei vorsichtig, es ist ziemlich eng in so einem Kleinwagen!“

Jeronimo hatte keine Chance gehabt, aus dem Blechgrab zu entkommen. Penelope heulte und tat mir unendlich leid, als wir unsere Räder stumm zwischen den Stoppelfeldern heim schoben. Als ich dann trösten wollte und ihr sagte: „Jeronimo hat wahrscheinlich nichts gemerkt, weil es ganz schnell gegangen ist,“ flossen ihre Tränen noch heftiger und auch mein Tipp: „Im Internet kannst

du die niedlichen Dinger manchmal sehr günstig ersteigern", kam überhaupt nicht gut an.

„Bring sofort die Meerschweinchenmama zu mir!", befahl Paulchens SMS, und so bogen wir in die Kantstraße ein, wo mein Freund bereits grinsend am Gartentor auf uns wartete. „Kein Grund zur Freude, Alter! Das Tier ist tot!", rief ich ihm zu, doch Paulchen konterte: „Quatsch, Pennys Schätzchen dürfte jetzt gerade seinen Meerschweinchenmittagsschlaf halten, um sich von den Strapazen des Transportes zu erholen." „Welcher Transport?", fragte Penelope, und Paulchen ließ sich mit der Antwort ganz viel Zeit. „Meint ihr etwa, ich lasse ein einsames Meerschweinchen bei Kramme zurück, wenn ich jederzeit damit rechnen muss, dass der alte Schrottquetscher dein süßes Tier platt macht!" „Soll das heißen, du hast Jeronimo ...?" „Klar, ich habe ihn nach der Schule sofort zu mir nach Hause geholt."

Penelope ließ das Fahrrad fallen, flog Paulchen um den Hals und zappelte ungeduldig herum: „Wo ist er, bitte, ich muss sofort zu ihm!" „Verdient hast du's ja nicht", entgegnete Paulchen, doch als ich ihm zuzwinkerte, sah er ein, dass jetzt wohl nicht die rechte Zeit für Vorwürfe wäre, und öffnete uns die Haustür.

„Da oben ist 'ne ziemliche Baustelle", erklärte Paulchen, als wir die Treppe zu seinem Zimmer hoch stiefelten. „Vorige Woche haben wir die Bude tapeziert und jetzt verklebt mein Papa im Büro gerade den neuen Teppichboden." Der Kleber roch bestialisch, und als wir in Paulchens Zimmer kamen, stürzte sich Penelope sofort auf den roten Käfig, der neben dem Schreibtisch am Boden stand.

Doch dann bewölkte sich Pennys Gesicht mit dem Panikblick vom Nachmittag: „Wo ist Jeronimo?" „Ich, ich dachte, ein bisschen Auslauf ..." stammelte Paulchen. „Soll das heißen, du hast mein Meerschweinchen frei gelassen?" „Was heißt denn frei gelassen, ich habe ihm eine kleine Hausbesichtigung gegönnt!" Nebenan drosch Papa Flömer auf den frisch verklebten Teppichboden ein und Penelope zeterte: „Hör mal, Paulchen, so ein Haus ist kein Spielplatz für ein Rosettenmeerschweinchen, hier drin kann wer weiß was passieren!" „Keine Angst, Penny, wir werden ihn schon finden", versuchte ich zu vermitteln, während ich einmal um den Schreibtisch herumkroch und eher verlegen „Jeronimo, komm schon, Jeronimo!" lockte.

Wir durchsuchten vergebens jeden Winkel von Paulchens Kinderzimmer, kramten im Papierkorb und in der Schultasche, krochen unters Bett und stöberten zwischen Coladosen und Pizzakartons nach Jeronimo. Dann nahmen wir uns den Flur vor. „Verdammter Kleber!", fluchte Papa Flömer nebenan im Büro, wo seine Hammerschläge immer lauter wurden. Da Jeronimo auch hier auf dem Flur nicht zu sehen war, kroch ich zur Bürotür, öffnete sie einen Spalt breit und blickte hinein. Paulchen und Penelope kamen hinterher gekrochen und lugten ebenfalls auf die Baustelle, an deren Ende Papa Flömer in der Ecke hockte, vor sich im leeren Raum der bereits verklebte Teppichboden, in dessen Mitte sich immer noch eine scheußliche Beule von der Größe einer Kinderfaust aufwölbte. Herr Flömer starrte auf die Wölbung und fluchte erneut: „Diese Mistplörre

Krimis für Kids
Hochspannung im Deutschunterricht - Bestell-Nr. 11 033
KOHL VERLAG
www.kohlverlag.de

6 Jeronimo

klebt wie Gift!“

In der rechten Hand hielt er einen Hammer von gewaltiger Größe. „Wenn der Teppich einmal anpappt, kriegst du ihn nicht wieder hoch. Da musst du schon versuchen, die Beule platt zu klopfen! Wer weiß, was da wieder drunter geflutscht ist.“

Bei dem Wort „flutschen“ kriegte Penelope eine Gänsehaut. Sie kreischte wie am Spieß, ich verstand, was sie meinte, und hechtete nach vorn, um Papa Flömer daran zu hindern, den Hammer, mit dem er gerade ausholte, auf die Teppichbeule sausen zu lassen. Leider kam ich zu spät. In das Krachen des Hammerschlages mischte sich ein entsetzliches Knirschen, so als ob kleine Knochen brechen. Dann hörten wir ein schrilles, unendlich langes Quieken, das immer leiser wurde und schließlich ganz verstummte.

Als Paulchen Vater das Teppichmesser zückte, um die Beule aufzuschneiden, hatten wir Penny bereits ins Nebenzimmer getragen, auf dem Sofa abgelegt und bei geöffnetem Fenster mit Herrn Flömers Handtuch bewedelt. Paulchens Vater rief seinen Sohn mit ernster Stimme nach nebenan, während ich mich weiter um Penelope kümmerte, die ihren Jeronimo nun ganz und gar aufgegeben hatte. Doch da stand Paulchen im Türrahmen und wedelte mit einem Handywrack der Sorte superplatt. „Seht mal, was Papas Hammer aus meinem Gerät gemacht hat!“

Tatsächlich hatte Herr Flömer nicht das Meerschweinchen, sondern das Handy samt Klingelton gekillt. Ich pflückte Jeronimo kurz darauf topfit von Paulchens Bücherregal und legte ihn der glücklichen Penelope in die Arme. „Danke, Jungs,“ schluchzte sie, „und seid mir bitte nicht mehr böse!“

Warum hätten wir ihr auch böse sein sollen. Neuerdings lief sie Hand in Hand mit Krulli herum. Das war schon Strafe genug. Immerhin hatte sie uns eine Woche lang Nervenkitzel geliefert und wenn ich erst einmal die Drogenbosse erledigt hätte, würde ich auf der Party, die man mir zu Ehren in New York veranstaltete, ans Glas klopfen, von Penelope, vom alten Kramme und von Jeronimo erzählen, bis mich Johnny Depp fragte: „Hey, Bastiboy, what the hell is a Meerschweinchenklingelton?“

Krimis für Kids
Hochspannung im Deutschunterricht - Bestell-Nr. 11 033
KOHL VERLAG
www.kohlverlag.de

6 Jeronimo

PA

1. Krimipersonal

Zeichnet eine Personenübersicht, in der alle Figuren, die in diesem Krimi auftreten, mit ihren Namen und mit ihren besonderen Merkmalen enthalten sind. Gestaltet eure Skizze so, dass die Haupt- und Nebenfiguren und ihre Beziehungen zueinander (Linien mit Notizen) deutlich werden.

PA

2. Meerschweinchen gesucht!

Gestaltet eine Suchanzeige für Jeronimo, in der Einzelheiten der Entführung und eine Beschreibung (mit Bild) des Meerschweinchens enthalten sind.

GA

3. Penelopes Motive

a) Findet heraus, warum Penelope ihr eigenes Meerschweinchen entführt. Gebt alle Gründe an, von denen ihr im Krimi erfahrt.

b) Lasst die Clique sprechen. Schlüpft in die Rollen von Pennys Mitschülerinnen und Mitschülern und redet über Penelope, sodass die Zuschauer erfahren, wie man in der Klasse über sie denkt.

EA

4. Last minute

Wenn ein Krimi gelingen soll, muss der Leser im Verlauf der Handlung Überraschungen erleben und darf erst ganz am Schluss aufatmen, weil in letzter Sekunde alles gut gegangen ist. Überprüfe, ob es sich bei „Jeronimo" um so einen Krimi handelt. Zeige dazu Textstellen, an denen der Leser aufatmet, sowie Stellen, an denen der Leser um Jeronimo bangen muss.

EA

5. Stellenanzeige

Eines Tages liest Basti in der Tageszeitung, dass das Detektivbüro Bartel einen Hobbydetektiv für einen Ferienjob sucht. Basti bewirbt sich mit einem Brief, in dem er auf seine besonderen Fähigkeiten und auf seine bisherigen Erfolge als Detektiv hinweist. Schreibe diesen Bewerbungsbrief an das Detektivbüro Bartel.

7 Krimiwerkstatt

1. Der erste Satz

EA

a) Beim Krimischreiben hast du immer die Wahl: Entweder, du krachst mit dem ersten Satz in deinen Krimi wie das Überfallkommando in die leere Wohnung, oder du näherst dich ganz langsam vorsichtig dem Geschehen wie die Leute von der Spurensicherung. Wenn du dich für die Überfallmethode entscheidest, eignen sich Hilferufe, Ausrufe oder Fragen als erste Worte. Wichtig ist nur, dass dein Krimi jetzt sofort Tempo aufnimmt und sich nicht mit langen Erklärungen aufhält. Untersuche dazu die ersten Sätze der Krimis in diesem Band und bewerte sie. Ziehe zum Vergleich andere Krimianfänge aus dir bekannten Büchern heran.

Wichtige Info für Schreibtischtäter!

Texte, die „mit der Tür ins Haus fallen“, haben einen **„offenen Anfang“**. Sie verzichten auf Einleitungen und Vorgeschichten, betreten mit dem ersten Satz bereits den Schauplatz einer Szene, führen die Leser also hautnah an die Figuren heran. Das ist manchmal etwas verwirrend und rätselhaft. So kann der erste Satz eines Krimis mit offenem Anfang lauten: *„Verdammtes Ding!“ Ben hämmerte mit beiden Handflächen verzweifelt auf den Knöpfen herum, während das Deckenlicht über ihm nur noch schwach aufglimmte.“* Wir wissen nicht, wer Ben ist und wo er sich befindet. Erst die folgenden Sätze klären uns auf: *„Gefangen im Fahrstuhl, das hatte ihm gerade noch gefehlt, und das auf dem Heimweg von der Schule ... .“* Eine Erzählweise, die viel verheimlicht und rätselhaft erscheinen lässt, eignet sich für den Krimi natürlich sehr gut.

b) Schreibe den ersten Teil eines Krimis mit offenem Anfang.

2. Offene Erzählanfänge

EA

a) Setze diesen Krimianfang fort und gestalte so den ersten Teil einer Kriminalerzählung:

„Nicht schlecht!“, staunte Tim. „Ein Traumteil!“, schwärmte ich, als wir uns vor dem Schaufenster des Handyladens mal wieder die Nase platt drückten. Von dem neuen Schokia 3330, das jenseits der Scheibe auf einem roten Samtkissen von seiner ersten SMS träumte, waren wir Lichtjahre entfernt. Schuld daran war meine momentane Finanzsituation, und was da in der Hosentasche klimperte, waren genau 12 Cent, die mir vom Taschengeld übrig geblieben waren. „Lass uns weitergehen!“, raunte ich Tim zu, der sich ebenfalls in das schnuckelige Schokiababy verknallt hatte. In der Einkaufszone war es kalt wie in der Tiefkühltruhe an diesem Januarnachmittag. Wir wollten uns gerade ein wenig im Kaufhaus aufwärmen, als uns eine unsichere Frauenstimme aufhielt: „Hey, ihr da! Könnt ihr mir einen Gefallen tun?“ Ich blickte in das Gesicht einer ....

KOHL VERLAG Der Verlag mit dem Baum www.kohlverlag.de
Krimis für Kids
Hochspannung im Deutschunterricht - Bestell-Nr. 11 033

EA

b) Schreibe den Beginn einer Kriminalerzählung. Wähle dazu einen der vier folgenden Erzählanfänge und einen der Gegenstände aus, die im Krimi eine wichtige Rolle spielen werden. Erzähle bis zu der Stelle, an der der Gegenstand zum ersten Mal erwähnt wird.

Die Erzählanfänge:

a) *Die Turmuhr schlug 11, doch in der Tür des alten Geschäftes baumelte noch immer das vergilbte Ladenschild mit der Aufschrift ‚Geschlossen'.*

b) *Kaltes Mondlicht fiel auf das alte Schulgebäude, als die Turmuhr Mitternacht schlug.*

c) *„Seit wann steht der da?", fragte der alte Mann, als er sich an dem Auto vorbeiquälte. "Meinen Sie den Porsche?", antwortete das Mädchen aus dem geöffneten Küchenfenster. "Der blockiert jetzt schon seit zwei Tagen den Bürgersteig vor unserem Haus und niemand..."*

d) *„Nein, nicht schon wieder, demnächst kommt noch die Decke runter!" Mama tobte mal wieder. Kein Wunder, unsere neuen Mitbewohner hatten in der Wohnung über uns die Musik so laut aufgedreht, dass bei uns die Teller im Schrank klapperten.*

Die Gegenstände:

eine Eintrittskarte; ein Perücke ; eine Pizza ; eine Tüte Gummibären

EA

3. Der letzte Satz

a) Was vorn gilt, gilt auch hinten! So einfach ist das. Finde ein offenes Ende und lass den Leser noch ein wenig selbst mitdenken, wie alles ausgeht. Es genügt eine Andeutung, ein kleiner Hinweis. Lass einfach nur die Handschellen klicken, und schon wissen deine Leser, dass den Täter eine Strafe erwarten wird. Suche nach einem „offenen Ende" in bekannten Krimis.

b) Eine „Schlusspointe" ist ebenfalls willkommen. Gemeint ist eine kleine komische Schlussidee, die dem Leser ein Lächeln abzwingt. Prüfe, welche der Erzählungen in diesem Band so eine Schlusspointe enthalten.

KOHL VERLAG Der Verlag mit dem Baum
Krimis für Kids
Hochspannung im Deutschunterricht - Bestell-Nr. 11 033
www.kohlverlag.de

4. Kokelkrimi

EA

a) Im folgenden Textbeispiel geht es um eine **„Parallelhandlung"**. So nennt man es, wenn zwei Handlungsstränge an verschiedenen Orten zeitgleich nebeneinander herlaufen und der Erzähler von der einen zur anderen Handlung springt, um sie schließlich zusammenzuführen. Du kennst diese Technik bestimmt aus Filmen. Lies das folgende Beispiel:

„Ihr wisst doch, dass ihr in der Klasse nicht kokeln dürft. Herr Schattenburg hat es uns verboten. Außerdem ist es gefährlich." Simon schüttelte den Kopf über den Leichtsinn seiner Mitschüler. Oliver hatte sein Feuerzeug auf 'Stichflamme' gestellt und war gerade damit beschäftigt, den leuchtenden Dreier zu schaffen. So nannten es die Kinder, wenn es gelang, mit einer Flamme drei Kerzen hintereinander gleichzeitig anzuzünden. „Gib Ruhe, Simon, wir müssen uns jetzt konzentrieren!", murmelte Sebastian und schob die drei Weihnachtskerzen noch ein wenig dichter zusammen. „Außerdem macht es Spaß. Wenn du überhaupt verstehst, was das ist!", flötete Karin von hinten, wo sie gerade dabei war, einen Zweig des Klassentannenbaumes abzufackeln. „Lass doch den Unsinn!", rief Simon, aber da war es schon zu spät. „Der stand so blöd über!", kommentierte Karin ihre Brandstiftung, um sich gleich darauf der Federmappe von Marie-Isabel zuzuwenden: „Sag mal, sind Tintenkiller wohl brennbar?" Simon wandte sich ab. „Ich will damit nichts zu tun haben. Wenn euch Schattenburg erwischt, habt ihr es nicht besser verdient." „Schattenburg kommt heute bestimmt wieder zu spät!" rief Mario, und Karin fügte hinzu: „Fünf Minuten Kokel-Time bleiben uns mit Sicherheit."

Schattenburg wollte heute ganz pünktlich sein. Sollte Frau Dr. Bremer, seine strenge Schulleiterin, doch einmal sehen, dass ihre Vorwürfe unbegründet waren. Erst gestern hatte sie ihn auf dem Flur angeherrscht: „Schattenburg, Schattenburg, spät anfangen und früh aufhören. Wenn das so weitergeht, können Sie demnächst für immer aufhören. Außerdem erwarte ich, dass Sie Ihre Klasse zu größerer Disziplin erziehen. Sollte in der 6b die kleinste Kleinigkeit passieren, sind Sie dran! In unserer Lehranstalt arbeiten nur eifrige Menschen. Und wenn ich Bummelanten entdecke, mache ich ihnen Feuer unterm Hintern, verstehen Sie, Herr Schattenburg, Feuer!"

„Feuer! Es brennt!" Oliver schrie aus Leibeskräften und fuchtelte wie wild in der Luft herum. Ihm war nicht nur der leuchtende Dreier geglückt, auch die Pappfiguren aus dem Kunstunterricht, die hinter den drei Kerzen standen, brannten plötzlich lichterloh. „Raus hier, nichts wie raus hier!" brüllte Jan-Peter, und Karin rannte mit großen Sätzen zur Klassentür.

b) Kennzeichne die Parallelhandlungen mit 'a' und 'b' am Rand.
Notiere: Worum geht es in Handlung „a" und worum geht es in Handlung „b"?

c) Betrachtet die Übergänge zwischen den Handlungen und stellt dar, wie sie gestaltet wurden.

KOHL VERLAG Der Verlag mit dem Baum www.kohlverlag.de
Krimis für Kids
Hochspannung im Deutschunterricht - Bestell-Nr. 11 033

d) Schreibt ein wenig weiter. Wechselt zunächst wieder zur Schattenburg-Handlung und führt die Erzählung bis zum Zusammentreffen der beiden Handlungen weiter.

5. Weihnachtskrimis

EA

Setze einen der beiden Erzählanfänge fort und füge eine Parallelhandlung ein. Im Kasten findest du Tipps dazu. Gestaltete so den ersten Teil einer Kriminalerzählung.

a)

Der falsche Weihnachtsmann

„Los, kommt mit, wir fahren Karussell!“ Tim zeigte begeistert auf die bunten Autos, die sich im Kreis drehten. „Das ist wohl eher etwas für Kleinkinder!“, entgegnete Lisa. „Außerdem haben wir noch kein Geschenk für unsere Eltern. Los, Bruderherz, da drüben gibt es ein paar interessante Buden.“ Lustlos folgte Tim seiner Schwester über den Weihnachtsmarkt. Zu gern hätte er ein paar Runden auf dem Karussell gedreht. Vom Glühweinstand, wo sich die Erwachsenen drängelten, schlug den Kindern ein süßsaurer Alkoholgeruch entgegen. Nebenan verkauften ein paar Kinder selbstgebastelte Strohsterne. Lisa beugte sich neugierig über das Angebot und schwärmte: „Sieht ja phantastisch aus!“. „Ich habe kalte Füße“, knurrte Tim und wickelte den Schal fester um den Hals. „Geduld, Brüderchen, gleich kommt der Weihnachtsmann und verteilt leckere Sachen und Lose für die Weihnachtslotterie.“ „Und dir schenkt er 'ne Rute, weil du immer alles besser weißt!“ Die Kirchturmuhr schlug 5, und vom Rathaus her hörte man die Trompeten des Bläserkreises mit einem feierlichen 'Macht hoch die Tür'.

b)

Haltet den Dieb

„Und wie wäre es mit einer CD?“, fragte Gabi, als die beiden Kinder durch das Kaufhaus schlenderten. „Musik mag Luisa doch gern, oder?“ Tobias stimmte zu: „Von mir aus. Aber bitte nichts von den Krachboys, da kriegt man ja Pickel auf den Ohren.“ Am CD-Stand herrschte jetzt vor Weihnachten Hochbetrieb. Gabi kannte Luisas Musikgeschmack und würde hier auf jeden Fall das richtige Geburtstagsgeschenk finden. „Hier, die ist stark!“ Tobias wedelte mit einer CD von Softschlabberrock. „Die kenne ich nicht!“, knurrte Gabi und stöberte weiter. „Da hast du was versäumt. Softschlabberrock ist die abgedrehteste Girlieband, die ich kenne.“ Enttäuscht steckte der Junge das CD-Cover zurück ins Regal. Langsam wurde er ungeduldig, denn es war spät an jenem Montagnachmittag, und gleich würde eine freundliche Lautsprecherstimme darum bitten, das Geschäft zu verlassen.

Krimis für Kids Hochspannung im Deutschunterricht - Bestell-Nr. 11 033
KOHL VERLAG Der Verlag mit dem Baum www.kohlverlag.de

Vier Vorschläge für Parallelhandlungen!

<u>Text a)</u>: Jemand, der es auf die Kasse des Glühweinstandes abgesehen hat, verkleidet sich daheim vor dem Spiegel als Weihnachtsmann oder Kommissar Kröger hat sich als Weihnachtsmann verkleidet, um unerkannt zu ermitteln.

<u>Text b)</u>: Einem Kaufhausdetektiv kommen die Kinder verdächtig vor oder ein Kaufhausdieb streift durch die Schmuckabteilung.

EA

6. Kürzester Krimi der Welt

a) Wie wäre es statt langer Texte mit einem Kurzkrimi, genauer gesagt, mit einen klitzekleinen Kurzkrimi, der nur aus wenigen Wörtern oder Sätzen besteht, aber darin eine ganze Krimihandlung schildert! Mache es ähnlich wie in diesem Beispiel:

Rache

A: Du?
B : Verzeih!
A : Niemals!

(Ein Schuss fällt.)

b) Gestalte nun den Kurzkrimi aus, indem du dir die Geschichte ausdenkst, die hinter diesem knappen Gespräch steckt.

EA

7. Tatorte

a) Anstatt gleich einen ganzen Krimi zu schreiben, solltest du damit beginnen, einen interessanten Tatort darzustellen. Schreibe, wie es aussieht an einem Ort, an dem:

- einer Schülerin das Handy gestohlen wurde.
- Sir Robert vergiftet wurde.
- sich der Überfall auf Frau Himmelbach im Altenheim ereignete.

Krimis für Kids
Hochspannung im Deutschunterricht - Bestell-Nr. 11 033
KOHL VERLAG Der Verlag mit dem Baum
www.kohlverlag.de

PA

b) Die besten Tatorte sind außergewöhnlich. Nachts auf einem Friedhof überfallen zu werden, klingt zwar auf den ersten Blick schauerlich, ist jedoch längst nicht so interessant, als wenn sich der Überfall am hellen Tag im Zoo, sagen wir: vor dem Elefantengehege, ereignet. Im Hintergrund die kreischenden Affen, vorn die ältere Dame, der ein maskierter Räuber die Handtasche entreißt. Vielleicht stolpert er auf der Flucht durch den Streichelzoo über eine Zwergziege ... . Schreibt einfach mal los und erzählt von einem ungewöhnlichen Tatort.

c) Erzählt, wie es in der Pizzeria aussieht, in der gerade ein Verbrechen geschehen ist. Lasst zwei Ermittler sprechen, die zum Tatort gerufen wurden. Benutzt einige Begriffe aus den Infokästchen und verwendet die Vergleiche, die dort angedeutet werden:

Tatort „Venezia“

das große Wandbild von Venedig; die Porzellangondel auf der Fensterbank; die bemalten Wandteller; die Tomatensoßenpfützen wie Blutlachen; die Lasagneschalen; die verbeulten Pizzableche wie Frisbeescheiben; die Ofentür wie ein offenes Maul; die zerschmetterten Stühle; der ohnmächtige Kellner ...

EA

d) Auch diese drei Überschriften versprechen chaotische Tatorte. Fertige eine Schilderung zu dem Tatort an, der dir am interessantesten erscheint:

- Einbuch in der Zoohandlung „Meerlie und Co“
- Prügelei im Porzellanladen
- Überfall im Wachsfigurenkabinett

PA

e) Lest die beiden Beschreibungen des Tatortes „Bücherregal“:

A

Bens Bücherregal sah aus, als hätte hier während der Nacht ein Orkan gewütet: Die meisten Bücher türmten sich zu einem gewaltigen Altpapierberg auf dem Boden, viele von ihnen waren so zerrissen, als hätte sie ein Schredder ausgespuckt, am oberen Regalbrett baumelte ein schweres Lexikon wie an einem Galgen. Der Schirm der Leselampe war zerrissen, die trübe Birne flackerte. Die Buchdeckel sahen aus wie Tote, deren starre Blicke ins Leere gerichtet waren.

Krimis für Kids
Hochspannung im Deutschunterricht - Bestell-Nr. 11 033
KOHL VERLAG
www.kohlverlag.de

B Ben betrachtete sein Bücherregal. Es sah völlig unversehrt aus. Doch plötzlich haftete sein Blick am großen Bildband über Moorleichen, der nicht mehr dort stand, wo er ihn gestern Abend abgestellt hatte. „Den muss heute Nacht noch jemand in der Hand gehalten haben ...“, flüsterte Ben, zog das schwere Buch aus dem Regal, ließ die Blätter durch die Finger gleiten und merkte plötzlich, dass da jemand eine Seite herausgerissen hatte, genau die Seite mit den Bildern der kopflosen Leiche von Barkhausen. Eine Gänsehaut rieselte ihm durch den Körper ... .

f) Notiert, wodurch sich die Darstellungen der Tatorte unterscheiden. Beurteilt, ob auch eine „klitzekleine“ Veränderung, wenn sie wirkungsvoll gestaltet wird, einen Ort zu einem interessanten Tatort machen kann, oder ob immer die große Verwüstung stattfinden muss.

Wichtige Info für Schreibtischtäter!

Beim Erzählen kommt es immer auf die **Perspektive** an! Wenn du schilderst, wie es an einem Tatort aussieht, kannst du das: a) aus der Sicht einer am Geschehen beteiligten Figur (etwa: einer Kommissarin) , eines Ich-Erzählers also, der eigene Gefühle einbringt, gestalten. Das klingt dann so: *„Als ich die Wohnungstür aufbrach, schlug mir ein fürchterlicher Geruch entgegen. Mein Magen krampfte sich zusammen, als ich sah, ...“* b) du kannst aber auch einen Erzähler sprechen lassen, der für ein paar Sätze lang in die Köpfe verschiedener Figuren schlüpft und deren Gedanken und Gefühle darstellt: *„Als Tom die Wohnung betrat, roch er sofort, dass hier seit Jahren niemand gelüftet hatte. Lea fielen die Zeitungen auf, die hier überall auf dem Boden lagen ...“*

KOHL VERLAG Der Verlag mit dem Baum www.kohlverlag.de
Krimis für Kids
Hochspannung im Deutschunterricht - Bestell-Nr. 11 033

EA

8. Krimiquatsch

a) Dass man Krimis nicht immer ernst nehmen muss, sondern mit ihnen auch einmal Spaß haben kann, zeigt dieses Gedicht:

Krimiquatsch

Das Alibi steht vor Gericht,
der Tatort spricht: Ich war es nicht!
Der Fingerabdruck flieht bei Nacht,
das Messer hat sich umgebracht.

Die Wasserleiche ist geständig,
der Handschuh mordet eigenhändig.
Der Kommissar liegt im Tresor,
das kommt dem Spürhund spanisch vor.

Der Dieb liegt auf der faulen Haut,
hat schon seit Jahren nichts geklaut,
das Fahndungsfoto stirbt an Gift.
Die Todeszelle zielt und trifft.

Das Lösegeld wird noch verhört
und die Pistole wirkt verstört.
Der Frauenmörder killt nur Männer.
Ein Wahnsinnsplot für Krimikenner!

b) Lies das Gedicht betont so vor, dass eine unheimliche Krimistimmung entsteht.

c) Erfinde Zeitungsberichte und kleine Erzählungen, die zum Inhalt dieses Gedichtes passen, indem du einzelne Informationen so ausgestaltest, dass kleine Berichte und Erzählungen entstehen (etwa über den Tatort, der die Tat abstreitet; über den Fingerabdruck auf der Flucht...).

d) Schreibe selbst ein kleines Krimigedicht. Schon ein Zweizeiler kann sehr unterhaltsam sein.

Krimis für Kids
Hochspannung im Deutschunterricht - Bestell-Nr. 11 033
KOHL VERLAG Der Verlag mit dem Baum
www.kohlverlag.de

PA

9. Die Jagd nach dem Mopsmörder

a) Ein junger Hund aus gutem Hause wird im folgenden Gedicht Opfer eines Verbrechens. Lest es genau und stellt dar, wer verdächtigt wird, die Tat begangen zu haben, wie sie vermutlich geschah und was danach passierte.

Der Mopsmord von Oxford

Im Teich von Sir Walter of Trops
starb kürzlich Billy, der Mops.
Tochter Mary lief weinend zum Paps,
der ertränkte den Kummer in Schnaps.

Butler Harry aß ölige Chips
und betrachtete Videoclips
mit Technogedudel und Raps
von Typen mit Baseballcaps.

Man munkelt, der Kerl gab dem Mops
zum Frühstück vergiftete Drops.
Angeblich ließ Bill noch 'nen Pups,
kriegte dann auf der Brüstung 'nen Schubs.

Nach der Tat floh der Butler mit Babs,
der Geliebten, quer durch den Raps.
Die Lady erlitt 'nen Kollaps,
der Lord trank in Oxforder Pubs.

Sergeant Hillerman von Scotland Yaps
stand nur grübelnd am Fuße des Grabs.
Zwar gab's zahlreiche Spuren und Tipps,
doch dem Mann fehlte scheinbar der Grips.

Aber aufgepasst, nun kommt der Klops:
Als Ersatz für den kläffenden Mops
überreichten mitfühlende V.i.P.s
dem Lord einen stummen aus Gips.

b) Findet heraus, wodurch die Komik in diesem Gedicht entsteht. Achtet dabei auf die Mittel der Sprache.

c) Illustriert das Gedicht mit Zeichnungen, sodass es wie eine Moritat mit Bildtafeln gelesen und angespielt werden kann.

KOHL VERLAG Der Verlag mit dem Baum www.kohlverlag.de
Krimis für Kids Hochspannung im Deutschunterricht - Bestell-Nr. 11 033

8 Kleines Krimiglossar

Alibi
(lat. alibi „anderswo" von alius „ein anderer") ist der Beweis dafür, dass sich eine verdächtige Person zur Tatzeit nicht am Tatort aufgehalten hat und daher als Täter nicht in Frage kommt.

Delikt
ist ein Verhalten, welches gegen das Gesetz verstößt, also ein schuldhaftes Verhalten, das zu Schadensersatz verpflichtet und im Strafrecht eine Strafe zur Folge hat.

Detektivroman
ist ein Text, in dessen Mittelpunkt ein Ermittler steht. Der Detektiv ist meist der Held, weil er sehr gut beobachtet und kombiniert. Dabei fallen ihm Dinge auf, die andere Menschen übersehen.

Ermittler
ist die Person, die um Aufklärung eines Verbrechens bemüht ist. Das kann ein Privatdetektiv, ein Polizist oder auch jeder sein, der ein Interesse daran hat.

Hinweis (Clue)
ist ein sehr wichtiges Element im Krimi. Hinweise führen oft auf falsche Spuren und täuschen damit bewusst Leser und Zuschauer.

Indizien
sind Hinweise (von lat.: indicare = anzeigen), die Rückschlüsse darauf zulassen, dass eine bestimmte Person eine Straftat begangen hat. Indizien gelten aber nicht als sichere Beweise. Man sagt: „ Die Indizien (etwa: am Tatort gefundene Kleidungsstücke, Fußspuren) sprechen dafür, dass er der Täter ist..."

Motiv
ist der Anreiz, der Antrieb oder der Grund für eine Handlung, besonders für eine Straftat.

Spurensicherung
ist die Tätigkeit, kriminalistisch wichtige Spuren etwa am Tatort durch Bilder zu dokumentieren und sicherzustellen.

Staatsanwalt
ist der Vertreter des Staates, also der Anklagebehörde, die für die Strafverfolgung und Strafvollstreckung zuständig ist.

Thriller
ist ein Krimi mit besonderem Nervenkitzel und der Ungewissheit, was im nächsten Moment passieren wird.

Whodunit
ist eine Darstellungsweise, die häufig in Krimis und Fernsehserien verwendet wird, indem ein Verbrechens durch die Suche nach dem Täter allmählich aufgeklärt wird.

KOHL VERLAG Der Verlag mit dem Baum www.kohlverlag.de
Krimis für Kids
Hochspannung im Deutschunterricht - Bestell-Nr. 11 033

9 Die Lösungen

1 **1.**

a) Theaterstück, Hörspiel, Roman, Szene, Erzählung, Gedicht; Thema: Verbrechen, Vorbereitung und Planung, Durchführung, Aufklärung; Gerichtsdrama; Krimi als Rückblick, Thriller als Vorausblick; Hauptfiguren: Täter, Opfer, Zeugen, Ermittler; Ermittler: Detektiv, Kommissar, Amateur; Erzählperspektiven; Plot: überraschende Wendung

b) Es kommt zur Wendung, als Peter von seinen Wing-Chun-Künsten spricht.

c) Es handelt sich um einen Krimi, da ein Verbrechen geplant und vereitelt wurde. Ein Täter (mit Waffe) ist ebenso vorhanden wie ein vermeintliches Opfer, welches sich jedoch befreien kann.

e) Der Whodunit-Krimi ist so beliebt, weil der Leser aktiv werden und mitraten kann.

2.

a) Zusammengehörende Paare: 1 - b; 2 - a; 3 - c; 4 - d

b) Bei „3." und „4." handelt es sich um Krimis.

2 **1.**

Figurenübersicht: Honolulu	
Die Hauptfiguren (Namen)	**Ihre Funktionen (Rollen) im Krimi**
Julian	Ermittler
Der Hawaiianer	Verdächtiger
Die alte Dame	Täterin
Die Nebenfiguren (Namen)	
Tante Johanna, Evelyn	Randfigur ohne Bedeutung
Donald	Dackel, der schließlich zur Aufklärung beiträgt
Der Medizinstudent	sorgt für Komik; Mithilfe bei der Verhaftung
Zwei Polizisten	sorgen für Komik; Mithilfe bei der Verhaftung

3. Verdachtsmomente: die Reisetasche mit den Eidechsen; das distanzierte, mürrische Verhalten des Hawaiianers; das unsympathische Äußere des Fremden; die Blicke des Fremden zu seinem Gepäckstück; sein fluchtartiges Verlassen des Abteils

6. Komik im Krimi: Die Darstellung des Medizinstudenten (Figurenkomik) und die slapstickhafte Situation in der Bahnhofshalle (Situationskomik) mit dem am Boden liegenden Julian dürften als komisch empfunden werden.

3 **2.** Die dümmlichen Buchtitel zeigen Ben nicht als intelligenten Leser, sondern als jemanden, der mit seinen Krimikenntnissen nur angeben will, lassen also die Sympathien von Beginn an auf Klaras Seite.
Am Schluss dürfte Schadenfreude vorherrschen, weil Ben mit eigenen Waffen „geschlagen" wird. Die Pointe beginnt mit den Worten des Polizisten: „Das kenne ich aus: Der Penner im Penthouse."

4 **1.**

a) Ein Verleger ist die Person, die einen Verlag – hier: einen Buchverlag – betreibt; ein Autor ist hier ein Verfasser von literarischen Texten; ein Manuskript ist ein handgeschriebener oder mit dem Computer verfasster Beitrag eines Autors, der als Vorlage für eine – hier: als Buch - Veröffentlichung dient.

b) Dr. Strasser erweist sich von Beginn an als mürrischer alter Herr, der an den Rollstuhl gebunden scheint. Seine Kritik fällt überheblich und radikal aus, ihm behagen weder Text noch Verfasser noch Natur an jenem Tag. Zahlreiche Textstellen machen das deutlich.

c) Benjamin verhält sich zunächst freundlich, vorsichtig und zurückhaltend. Die unberechtigten Vorwürfe Strassers sind allerdings massiv, also ist Benjamin „empört". Er wird zunehmend nervös, spürt einen „Kloß im Hals". Erst der Rotstift des Verlegers lässt seine Wut aufkommen, denn er erinnert ihn an seine strengen Lehrerinnen und Lehrer in der Schule. Mit den Worten „Nein, das hätte er nicht tun sollen!",schlägt seine Stimmung plötzlich um.

Krimis für Kids
Hochspannung im Deutschunterricht - Bestell-Nr. 11 033
KOHL VERLAG Der Verlag mit dem Baum www.kohlverlag.de

9 Die Lösungen

4 **2.** **a)** Es gibt keine deutlichen Texthinweise dafür, dass überhaupt ein Mord geschah und dass Benjamin der Mörder ist. Alles hätte auch ein Unfall sein können.

b) Die letzten beiden Textabschnitte lassen beim Leser den Eindruck entstehen, Benjamin habe den Rollstuhl und mit ihm Dr. Strasser von der Klippe gestoßen. Der Eindruck entsteht eher durch Auslassung, also durch „Leerstellen."

3. **a)** Dr. Strasser hat Recht mit seiner Kritik, denn in Benjamins Text wimmelt es von Klischees. Hier wurden nur Versatzstücke bekannter Krimis aneinander gefügt.

b) Der Krimi enthält die drei Elemente: ein ungewöhnliches Motiv – Rache eines jungen Autors an einem Verleger – eine ungewöhnliche Tat – Mord, indem ein Wehrloser im Rollstuhl von der Klippe gestoßen wird – einen ungewöhnlichen Tatort – bemerkenswert schöne Natur ringsum – immer vorausgesetzt, Benjamin hat wirklich Dr. Strasser getötet.

5 **3.** Als entspannend können alle Hinweis auf das Lokal und den Kellner bezeichnet werden. Auch die Figur des Wilke wirkt zunächst entlastend. Spannend wird es immer dann, wenn der Entführer als unbeherrscht gleichsam in „Nahaufnahme" präsentiert wird. Das gilt auch für alle Anspielungen auf seine Schusswaffe. Die Nudelsuche enthält sicher komische wie auch dramatische Elemente.

6 **1.** Hauptfiguren: Basti, Paulchen Flömer, Penelope Wiegmann
Nebenfiguren: Krulli, Frau Pfeifer-Pohlmann; Gleichaltrige Jungen und Mädchen; Edwin Schwidulsky; Herr Kramme; Paulchens Vater

3. Penelope fingiert die Entführung, weil sie sich in Basti verliebt hat, ihm also nahe sein möchte, und zudem Aufregung liebt, sich auch als Außenseiterin und vermeintliches Mobbingopfer vor der Clique wichtig tun möchte. Das wird etwa deutlich, wenn sie demonstrativ schwarze Kleidung trägt.

4. Es gibt zwei „last minute" Situationen: Jeronimos Rettung vor der Schrottpresse und der vermeintliche Hammerschlag auf das Meerschweinchen, der jedoch Paulchens Handy trifft.

Bildungsstandard Lesekompetenz

Was 12- & 14-Jährige lesen und verstehen sollten!

Was sollte ein 12- bzw. 14-Jähriger vor dem Sprung in die weiterführende Schule wissen und können? Wo sind noch Wissenslücken vorhanden? Die Kopiervorlagen geben Aufschluss über den Leistungsstand. Die Aufgaben können weitgehend selbstständig gelöst werden.

12-Jährige *(46 Kop.)*

Nr. 10 962 14,80 €

14-Jährige *(60 Kop.)*

Nr. 10 833 16,80 €

Kohls Kreativitätstraining

Denkrätsel ... erfassen ... kombinieren ... lösen!

Von uns wird ständig Erneuerung und Kreativität erwartet. Erwartet wird auch, dass wir unsere Schülerinnen und Schüler so fördern, dass sie kreativ denken lernen. Deshalb ist es sinnvoll, praktikabel und sogar bewertbar, unsere Schüler das „Rezept" zu lehren, nach dem sie auch über die Schulzeit hinaus kreativ sein können. Wie das funktioniert, zeigt dieser neue Band von Wolfgang Wertenbroch!

43 Kopiervorlagen

Nr. 10 954 14,80 €

Anleitungen und Alltagstexte lesen & verstehen

Lesen von Alltagstexten ist eine der Grundlagen, sich im täglichen Leben zurechtzufinden. Was im Grundschulalter beginnt, findet seine Fortsetzung in der Berufsausbildung, Weiterbildung und der täglichen Arbeit. Das Erfassen von Gebrauchsanleitungen, Werbung, Rechnungen, Beipackzetteln oder Fahrplänen ist enorm wichtig. Deshalb müssen Schüler schon frühzeitig auf das alltägliche lesende Leben vorbereitet werden.

Zum Inhalt: *Beipackzettel, Mindesthaltbarkeitsdatum, Zeichnen nach Anleitung, Hausordnung, Kochrezepte, Warnschilder, Wasch- und Bügelsymbole, Fahrpläne lesen, Stadtpläne*

44 Kopiervorlagen, mit Lösungen **Nr. 10 955 14,80 €**

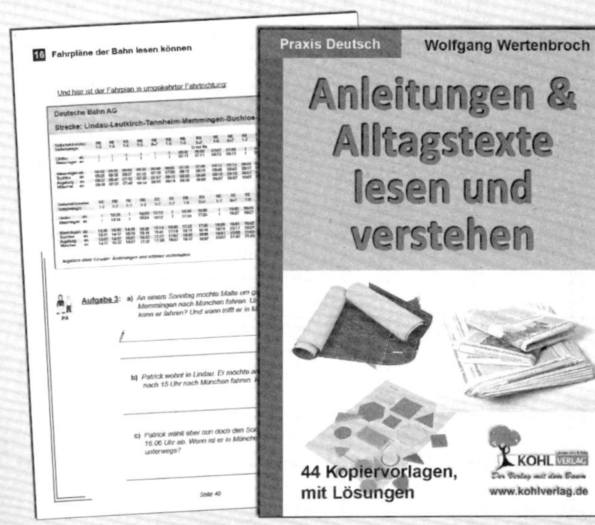

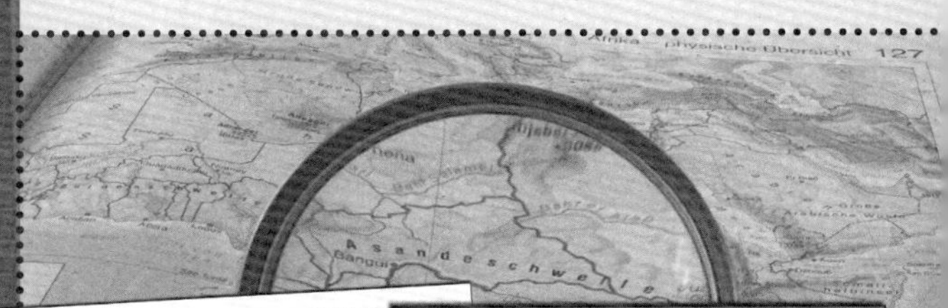

Die fremden Inseln

4 spannende Such-Fortsetzungs-Abenteuergeschichten

Das Leseprojekt ab 7 Jahren sorgt für Spannung und einen garantiert hohen Aufmerksamkeitsfaktor! Nach jedem Leseabschnitt müssen die Schüler durch geschicktes Kombinieren den jeweiligen nächsten Abschnitt finden. Als Unterstützung auf jeder Reise dient eine große Karte, auf der die jeweilige Insellandschaft mit den unterschiedlichen Stationen abgebildet ist. Die Geschichten haben ein offenes Ende, somit bleibt auch gestalterischer Raum zur weiteren Nutzung des Lesestoffes (z.B. zum freien Schreiben). Eine Lösungskarte sorgt für eine Ergebnissicherung. **Weitere Geschichten sind in Planung!**

36 Kopiervorlagen **Nr. 10 810 12,80 €**

Wortschatz & Ausdruck

Erweiterung & Festigung in Sprache und Schrift

NEU!

Ein möglichst umfangreicher Wortschatz und Ausdrucksfähigkeiten sind in jeder Sprache erforderlich, um Texte zu begreifen und sic mündlich und schriftlich verständlich äußern zu können. Im vorliegenden Banc geht es um die Erweiterung und Festigung des Wortschatzes sowie um di Verbesserung des Ausdruckes in der deutschen Sprache. Es werden verschie dene Arbeitsblätter und Lernspiele auf unterschiedlichem Leistungsniveau dar geboten. Die präsentierten Unterlagen sind in unterschiedlichen Klassenstufe einsetzbar, je nach Vorkenntnissen und Leistungsvermögen der Schüler.

80 Kopiervorlagen — Nr. 11 106 — 18,80 €

Krimis für Kids

Hochspannung im Deutschunterricht

NEU!

Ein üppig gestalteter Krimiband, in dem flüchtende Täter, brüchige Alibis un junge Detektive die Seiten beherrschen! Die hier enthaltenen Texte bringe knisternde Spannung in jede Deutschstunde: Kriminalerzählungen, Krimige dichte und „kriminelle“ Dialoge laden zur Verbrecherjagd ein. Mit Spürsinn un Textlupe fahnden die Leser nach Motiven und Alibis, fertigen Steckbriefe un Polizeiberichte an. Auf dem Schreibrevier erfahren sie, wie gute Geschichte gemacht werden, woraus Krimiplots bestehen und wie Detektive arbeiten. Ei packender Krimiband also, der an jedem Lesetatort deutliche Spuren hinterlas sen wird!

50 Kopiervorlagen — Nr. 11 033 — 15,80 €

Kommunikation heute

Der richtige Umgang mit den modernen Kommunikationsmethoden

Morsezeichen; Blindenschrift; Verkehrssignale; Bildzeichen; Körpersprache; Papier und Druck; Radio, Telefon; SMS und Mail u.v.m.

Handykauf; Funktionen; Kosten; Verzicht?; Bilder und Filme; Gesundheit; Handy und Schule; Geschichte; SMS und Logos u.v.m.

Internet und Schule; Ich und das Internet; Was ist Chatten?; Emoticons; Identitäten; Cybercops; Gefährdung – und Prävention u.v.m.

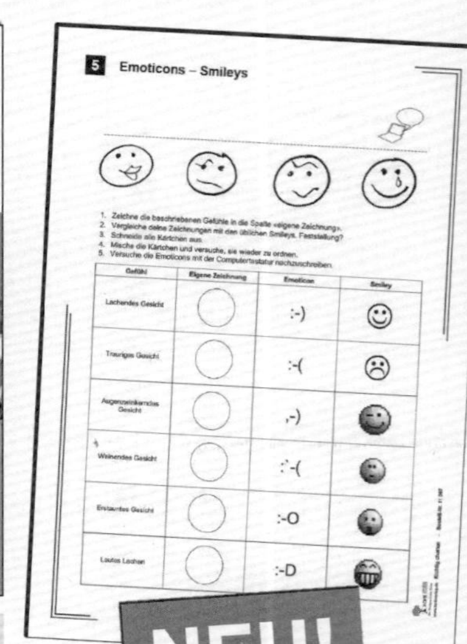

NEU!

Vom Rauchzeichen zu Mail & SMS	*(60 Kopiervorlg.)*	**Nr. 11 065**	**16,80 €**
Handy	*(70 Kopiervorlagen)*	**Nr. 11 066**	**17,80 €**
Richtig chatten	*(70 Kopiervorlagen)*	**Nr. 11 067**	**17,80 €**